U0502779

零基础

品牌
建设笔记

[日] 乙幡满男 著

邱小静 译

中国科学技术出版社

·北 京·

Original Japanese title: TSUKAU! LOGICAL THINKING

Copyright © Yasushi Kubota 2021

Original Japanese edition published by Nippon Jitsugyo Publishing Co., Ltd.

Simplified Chinese translation rights arranged with Nippon Jitsugyo Publishing Co., Ltd.

through The English Agency (Japan) Ltd. And Shanghai To-Asia Culture Co., Ltd.

北京市版权局著作权合同登记 图字：01-2022-1718。

图书在版编目（CIP）数据

零基础品牌建设笔记 / （日）乙幡满男著；邱小静

译 . —北京：中国科学技术出版社，2022.6

ISBN 978-7-5046-9615-1

Ⅰ . ①零… Ⅱ . ①乙… ②邱… Ⅲ . ①品牌—企业管

理—经验—日本 Ⅳ . ① F279.313.3

中国版本图书馆 CIP 数据核字（2022）第 082949 号

策划编辑	申永刚　王　浩	版式设计	锋尚设计
责任编辑	申永刚	责任校对	吕传新
封面设计	马筱琨	责任印制	李晓霖

出　　版	中国科学技术出版社
发　　行	中国科学技术出版社有限公司发行部
地　　址	北京市海淀区中关村南大街 16 号
邮　　编	100081
发行电话	010-62173865
传　　真	010-62173081.
网　　址	http://www.cspbooks.com.cn

开　　本	880mm×1230mm　1/32
字　　数	176 千字
印　　张	7
版　　次	2022 年 6 月第 1 版
印　　次	2022 年 6 月第 1 次印刷
印　　刷	北京盛通印刷股份有限公司
书　　号	ISBN 978-7-5046-9615-1/F·1009
定　　价	55.00 元

（凡购买本社图书，如有缺页、倒页、脱页者，本社发行部负责调换）

前言

　"数字时代"这个词已经诞生很多年了，并且已经被人们广泛使用，但"数字时代"究竟指的是什么样的时代呢？

　简单地说，"数字时代"是"所有数据都连接在一起的时代"。也就是说，随着数字技术的进步，各种五花八门的信息之间都建立起了关联性，我们正生活在这样的时代。

　以前，一个人能获取的信息十分有限，如今海量的资讯已经大大超出人们的接受限度，这也迫使每个人都必须对爆炸的信息进行取舍。可以说，在当今环境下，人们接收信息的方式一直都在变化。如果从这个角度去考虑的话，也就不难理解为何传统的市场营销方式在过去屡试不爽，而现在的效果却截然不同。

　在当今的数字时代，企业或商品品牌的负责人要怎么做才能创造利润呢？针对这个问题，我想其中一个答案就是本书所介绍的"品牌营销"。

　这个答案是我在服务了数百家企业后得出的。在和企业的合作中，我总是会感慨："要是他们能更好地应用自己的品牌，就算售价再高一点也是不愁销量的。"抱着这样的想法，我和企业进行过无数品牌营销的实战，这些都成了宝贵的经验。

　日本的企业尤其是制造业是非常优秀的，很多产品在技术层面上的实力毋庸置疑，但遗憾的是，因为缺乏好的推广方案，优秀产品被埋没的案例也比比皆是。

归根结底，这是由于日本制造业的整体水平很高，企业与企业之间很难拉开太大的差距，更别说从无数企业中脱颖而出了，甚至有不少制造商没有认识到自己的价值。因此，和对手们的市场之争基本都是大打价格战，企业不仅打得疲惫，也没能赚到多少利润。如果要解开这个困局，企业就必须要进行品牌营销。

所谓品牌营销，简单来说就是尽可能提升商品在人们心中的价值。例如，商品的价值为100日元，而销售人员在向顾客推广的时候却只传达出了50日元的价值感。于是顾客会认为这个商品只值50日元，而不愿意为它支付100日元，销售的机会就这样错过了。在消费者没有认可商品价值的情况下，如果销售人员还想把它卖出去的话，就只能硬着头皮打折。明明是价值很高的产品，却不得不以低于自身价值的价格售卖，这样的案例有太多了。

但如果销售人员能够把价值感完整地传达给客户，那么即使没有打折促销，客户也会愿意以100日元的价格买下这件商品。要做到让商品的成交价格与价值匹配，企业就必须掌握正确传达产品价值的方法，而这种方法正是品牌营销。

近年来，越来越多的人开始关注品牌营销理论，但一些讲述品牌营销的书中充满了非常晦涩难懂的高阶内容。这些以专业口吻写就的作品还容易让人产生一种错觉，即品牌营销是大型的营销活动，只有大公司才能做。但其实当你决定去学习品牌营销的时候，就已经走出了品牌营销的第一步。

如果你想为自己的企业引进品牌营销方法，但苦于没有时间学习，又想在短时间内速成，那么我衷心希望这本书能成为你了解品牌营销的契机。

乙幡满男

目 录

第 4 章
构建品牌特色的方法

第 5 章

品牌特色的持续成长

第 6 章

进行效果检测
才能不断前进

第 7 章
学习成功的品牌营销案例

LOGO

DESIGN

VALUE

TRUST

IDENTITY

绪　论

1 INTRO.
对企业而言
品牌营销是必要的吗

许多企业和品牌正在慢慢地走向低迷。企业如果想在数字时代生存下来，就必须有能够适应新时代的营销战略。

近年来，"品牌营销"在商业领域中变得越来越重要。但另一方面，真正了解品牌营销是什么的人却并不多。很多人其实没有意识到品牌营销的作用，包括品牌的顾客。那么是什么原因让品牌营销走进了大众的视线呢？这是因为，传统的营销手段已经让企业卖不动他们的产品和服务了。而首要原因就是互联网和社交媒体（SNS）的迅速普及。在传统营销模式中，消费者在购物前只能单方面被动地接收商品资讯，而如今他们能够通过网络获取资讯、发布信息，主动对商品进行了解。消费者的购物方式已经完全改变了。

必须做品牌营销的原因

在过去，企业的想法都是"好货不愁卖"，他们只需要把产品的信息发布出去就好。但现在是数字时代，如果企业还按以前的方法做，只会让产品信息淹没在信息的海洋中，目标客户群体并不一定能看到这条产品信息。产品的价值传播不出去，就算东西再好也是卖不动的。还有，如果自己的产品在品质、价值方面都和竞品不相上下，当顾客犹豫不知如何选择的时候，他的偏爱就会成为影响选择的重要因素。能在顾客心中建立起这份偏爱，也就是创造情绪价值的，正是"品牌"，因此品牌营销是十分有效的。

2 经济全球化背景下必备的品牌营销力

INTRO.

国外的新产品往往很难被消费者接受。不过，企业可以利用品牌战略将人们观念中的"外国产品"变成"有价值的产品"，这在经济全球化背景下是非常重要的。

如今，世界范围内对经济活动的制约越来越少了，跨国企业能够进军世界的任何一个角落。当然，日本也不例外。即使日本的消费市场正在萎缩，日本企业也还是不得不面对来自跨国企业的冲击。跨国企业在进入各国市场前都会进行各种调研，做好充分的准备。品牌营销就是其中一个手段。在全新的市场里，海外品牌的知名度低，品牌理念更是无从说起。因此，海外品牌的当务之急就是要让人知道"这是什么样的品牌"。

经济全球化背景下品牌营销的必要性

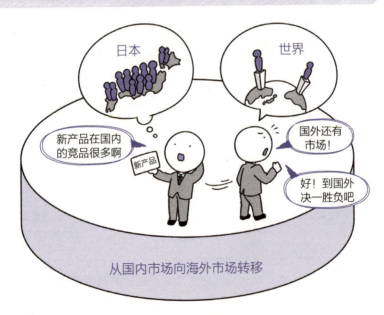

日本

世界

新产品在国内的竞品很多啊

新产品

国外还有市场！

好！到国外决一胜负吧

从国内市场向海外市场转移

当一个品牌进入了新市场，对手就是新市场中已有的产品，最基础的战略当然是企业凭借产品的魅力来夺取市场份额，而要凸显出自身区别于其他品牌独一无二的吸引点，品牌战略自然是不可或缺的。不过，如果想靠价格的优势（低价）赢得市场，这可不是什么好办法。如果低价是产品唯一的吸引点，一旦市场上出现品质相同但更便宜的产品，市场份额很快就会被抢走。对消费者而言，最重要的并不是价格，而是他们能从产品中获得什么样的价值。"获得新价值"正是一个让消费者更容易接受海外产品的吸引点，通过品牌战略来放大"新价值"、提升产品的吸引力，在经济全球化的市场环境下是非常重要的。

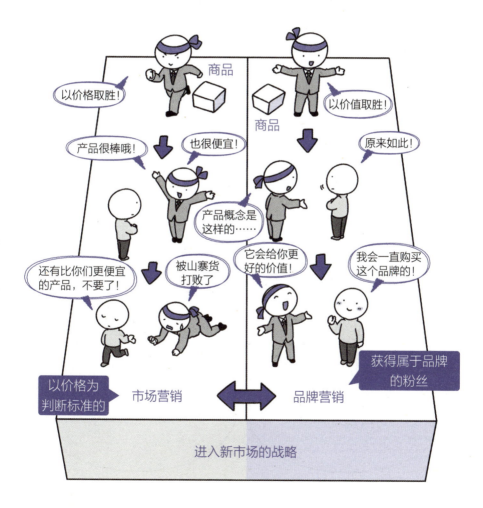

3

INTRO.

日本企业面临的品牌营销问题

"酒香不怕巷子深"的想法是行不通的，无论是领导还是普通员工，一定要认真学习品牌营销的知识。

日本企业在经济活动上通常是非常严肃的。日本制造业追求物美价廉，不过遗憾的是，和欧美人比起来，日本人不太善于宣传。要成为成功的跨国企业，宣传能力是必不可少的。当然，这里的宣传能力指的不仅是制定广告、公关等市场营销方面战略的能力，还包括提高品牌力的能力，品牌力能够唤醒消费者的记忆，让他立刻想起"这是生产某产品的某品牌"。

宣传能力是成败的分水岭

即便是到了现在，一些日本企业在品牌营销方面也还保留着工匠思维的倾向，认为"酒香不怕巷子深"，从而使他们在市场竞争中白白错过了很多难得的机会，也无法向大众展示自己的优势。日本的制造业水平位于世界前列，而在背后默默支撑着这一点的，正是各家企业在技术上的百家争鸣。但非常遗憾的是，这些技术能力很多时候却没有为企业和品牌自身的形象带来价值。如果这些技术优势能够反映在企业的品牌形象上，那会对销量产生多大的影响呢？单是想想，都会觉得这是一笔巨大的损失。如果一家企业想成功地开展品牌战略，在企业内渗透品牌营销的方法和思维模式，从而更好地向顾客推广自己，那么企业全体员工、包括管理层在内，都需要认真地学习品牌营销的知识。

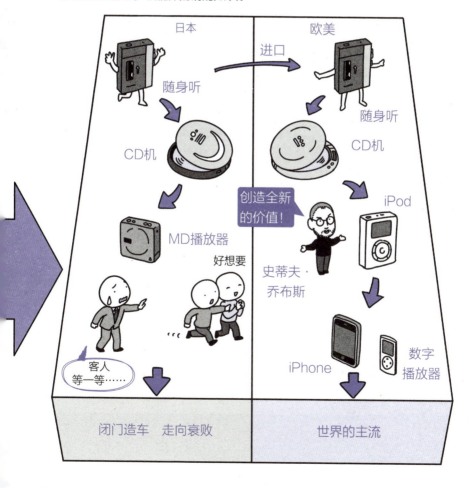

LOGO

DESIGN

VALUE

TRUST

IDENTITY

第 1 章

什么是品牌营销?

近年来,跨国品牌所掀起的品牌营销风潮也影响到了日本,越来越多的日本企业开始在品牌营销上投入精力,但很多企业都无法取得良好的效果。在本章中,我们将会学习到为什么必须做品牌营销,要怎么做品牌营销才能获得成功。

"品牌"究竟是什么

BRAND

时尚品牌中的"品牌"一般只用于描述产品，但品牌的真正含义不仅于此。品牌是多种多样的，有企业品牌、事业品牌、产品品牌等。

　　一提起"品牌"，也许很多人的脑海中会立刻浮现出知名商店中的高级时尚品牌，或是知名豪车的厂牌等。不过，"品牌"一词不仅是指某种产品（的商标），它还有更广阔的含义。例如，各种各样的服务都可被称为品牌，如"7-Eleven便利店"的店名是品牌，"迪士尼乐园"等休闲娱乐场所的名称也是品牌，还有"谷歌"（Google）"油管"（YouTube）等互联网平台，甚至智能手机上的应用软件也是一种品牌。

品牌是什么

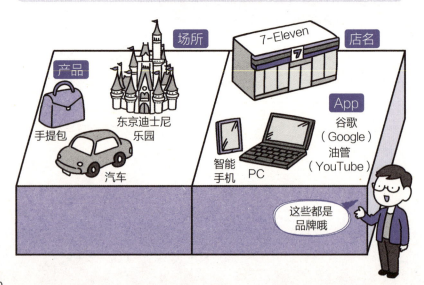

产品
手提包
汽车

场所
东京迪士尼乐园

店名
7-Eleven

智能手机
PC

App
谷歌（Google）
油管（YouTube）

这些都是品牌哦

　　企业也是一种品牌。以可口可乐为例，无论是企业品牌还是产品品牌，都叫作"可口可乐"。由于名称相同，这两个"可口可乐"很容易被混为一谈，但实际上，企业品牌"可口可乐"和产品品牌"可口可乐"各自承担的功能以及对消费者传达的信息是有细微的差别的，这一点必须要注意。品牌是有"<u>层级</u>"的，企业品牌和产品品牌需要分开考虑。在品牌层级中，有代表企业总体的"<u>企业品牌</u>"，有代表企业内事业部的"<u>事业品牌</u>"，有代表企业产品和服务的"<u>产品品牌</u>"，甚至在"产品品牌"之下还会衍生出"副品牌""系列品牌"等。

■ 品牌层级（例：优衣库）

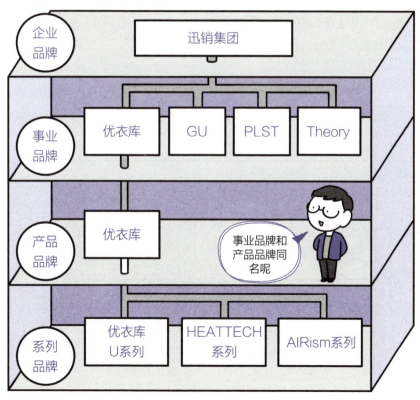

品牌能实现什么功能

了解了品牌的层级之后，我们再思考一下，在日常生活中到底什么能够被称为"品牌"呢？

　　在很多人的意识中，"品牌"是"高价优质的好产品""安心安全"的代名词。其实，"品牌"最初的含义是形容一个公司和产品给人的印象，不涉及对优劣的评价，更不是特指高级产品。只是因为有些品牌在日本一直提供高价的优质产品，给人留下了深刻的印象，因此使人产生了"品牌产品＝高级产品"的观念，但很多人没有意识到，生活中其实处处是品牌。便利店货架上陈列的产品，都有着各自的品牌，我们看到的厂家名称、系列名称也都可以认为是品牌。

品牌的功能

■ 帮助消费者进行购买决策

看不出区别在哪里，好难选啊

青森的"富士"苹果

是知名产地青森的苹果，这里的苹果都很多汁

当大量同质化的商品放在一起，消费者会在无意识中根据自己对生产商的印象去进行选择。也就是说，品牌的作用是帮助消费者进行购买决策。如果产品或系列对年龄和用户群体进行了细分，消费者在看到品牌名称的瞬间就能判断这是不是自己需要的。而对于销售人员来说，只要有了品牌，就能够更好地传达出产品的特性，更容易吸引消费者，消费者购买该产品的概率也会大大提升。这样一来，品牌极大地简化了销售人员和消费者之间的信息交流。

■ 缩小购买决策的范围

3 BRAND

品牌是企业长期利益的源泉

品牌力提升对于企业价格竞争、招揽人才等各个方面都是有利的。品牌力是一项能创造长期利益的资产。

　　品牌是一种"无形资产"，能够持续地为企业创造利益。拥有强大的品牌力能为企业带来很多好处。第一个好处是，企业将没有必要再以打折或降价的方式和其他企业进行竞争。换句话说，拥有强大品牌力的企业就算不和竞争对手打价格战也不会影响销售，而且不打价格战更能保证企业的利润。第二个好处是，如果顾客喜欢上这个品牌的产品和服务，他们就会变成品牌的复购者。复购者通常会选定某个品牌进行持续消费，这样一来，品牌长期的利润也能得到保障。不过，一旦该品牌让消费者失望了一次，那么同一品牌下的其他产品也可能会被消费者抛弃。

有无品牌力　效果大不同

❶不降价也不影响销售

SALE

不好意思，没有促销活动呢

啊？

柜台

不过，我也能接受。毕竟你们是名牌嘛

❷顾客成为品牌的复购者

谢谢惠顾

我又来买了

下次新品发售是什么时候呢？

店员

期待您下次光临

　　拥有品牌力的第三个好处是，顾客成为品牌粉丝后，可能会主动推广品牌。近年来，随着油管（YouTube）、脸书（Facebook）、照片墙（Instagram）、推特（Twitter）等社交媒体的兴起，人们不仅能和身边的人交流，还能给网络上的人发送信息。因此，顾客自发为品牌进行宣传的效果越来越明显。第四个好处则是，当品牌力上升后，销售人员的工作动力也提升了。在"让我卖"和"我要卖"这两种心态下，销售人员的表现是完全不一样的。如果销售人员抱着"我要卖"的心态主动推销商品，销售额也会显著增长。第五个好处是，有着优秀品牌力的企业更容易吸引到优秀的人才。有了品牌力的加持，会有更多人希望在这家企业工作，企业更能招揽人才。

顾客更看重价值而非价格

BRAND

面对同样的商品和服务，顾客却愿意为名牌付出更多的金钱，打动他们的就是品牌的"价值"。每个知名品牌都必然拥有这样的价值。

即使是同样的商品，在不同的商店里也会卖出不同的价格。例如，有一杯咖啡的纸杯上印着星巴克的商标，而另一杯咖啡则是印着罗多伦的商标。假设杯子里装的都是以同一种咖啡豆磨出来的小杯咖啡，印着星巴克的那杯卖300日元，但罗多伦的那杯却只能卖200日元，这中间有100日元的差价。为什么选择星巴克的人愿意多付100日元呢？

顾客为何选择更贵的咖啡

星巴克

罗多伦

1杯300日元

1杯200日元

买哪个好呢？

· 让自己拥有优越感
· 店内完全禁烟

· 咖啡的价格很便宜
· 店内有吸烟区

　　理解这个行为的动机是非常重要的。即使星巴克的咖啡价格更高，但还是有不少人选择星巴克，其原因有很多，也许是他们觉得在星巴克喝咖啡会有优越感、能享受咖啡师亲手煮的咖啡，也有可能是因为完全禁烟的店内环境等。也就是说，选择星巴克的人认为，相比罗多伦，星巴克品牌拥有值得他们多付100日元的"价值"。正如"星巴克的100日元"的例子一样，在产品、服务都非常相似的情况下，某种价值让人们愿意支付额外的金钱，这种价值正是来源于品牌。知名品牌都拥有这样的价值。而人们愿意为品牌价值所支付的额外金额，可以称之为"溢价"。

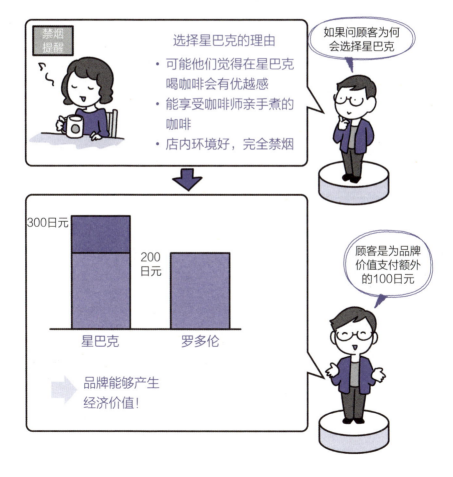

降价也是在降低品牌价值

BRAND

产品价格如果轻易就降下来的话，反而会让品牌失去顾客的信任，伤害品牌价值。如果有了强大的品牌力，企业就不需要依靠降价来推动销售。

如果品牌力足够强大的话，品牌是不需要用降价来保证销售的。例如，顾客原本以1万日元买到了某款商品，结果第二天产品的售价就降到了5000日元，这会让顾客失望透顶。这就是"降价的风险"，既有损品牌的信用，又伤害了品牌的价值。众所周知，像路易·威登（LOUIS VUITTON）等一流品牌是完全不会降价或者促销的。因为他们知道，降价会使品牌价值大打折扣。如果一款产品不降价就卖不出去，这说明它的价值本来就不高，不值得用原价购买。

品牌降价的反效果

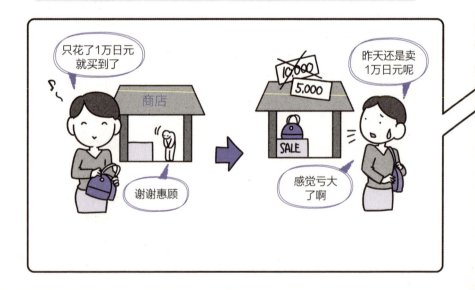

　　坚持不降价的不只有高级品牌。美国的食品超市"乔氏超市"和其他的超市不同，没有特殊情况的话，超市里的商品是不会促销的，一年四季几乎都是同样的价格。因为价格比较稳定，反而很少引发客人的不满。况且，乔氏超市还开发了大受欢迎的原创产品，一直坚持创造自己独特的吸引力和价值。乔氏超市成功的关键在于，他们非常明白顾客们到店里来是想要得到什么样的价值。如果只靠"低价"吸引顾客来光顾，那么在其他竞争对手用更低的价格大搞促销时，顾客就会选择去别的超市。没有原则的特价是挽留不住顾客的。

永不打折的品牌

LOUIS VUITTON
路易·威登　　皮包

CHANEL
香奈儿　　香水

HERMES
爱马仕　　皮包

ROLEX
劳力士　　手表

降价会对品牌价值造成伤害

一年四季绝不促销

TRADER JOE'S

店内

乔氏超市

缺乏信念的品牌不值得信任

6 BRAND

空有华丽的外表是无法延续品牌生命的。品牌应该展示出坚定的品牌信念，让顾客对品牌产生共鸣，这一点非常重要。

如果一家企业想要长期取得成功，不可或缺的条件就是"**品牌共鸣**"。要制造品牌共鸣，最重要的是树立品牌的理念、信念和价值观。如果品牌缺乏坚定的信念，就很难打动顾客、引起顾客的共鸣。看起来华丽、酷炫的品牌太多了，如果只有华丽的外表，这样的品牌通常很快就会结束它们短暂的生命。要拥有强大的品牌力，品牌就要展示出品牌的信念和理念，随着与顾客的共鸣越来越深，在长年累月中一点一点建立起品牌力。很多企业都有自己的企业理念和他们认为身为企业应该履行的**使命**。

获得顾客对品牌的共鸣

理念、信念和价值观是品牌的心脏

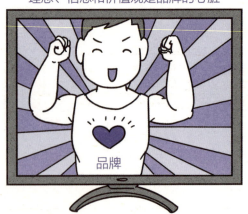

那个品牌看起来很可靠呢

我在手机上也有看过它

顾客

其中最重要的是，企业要明确地指出品牌存在的目的是什么，品牌是否正在实践企业的使命。但有一点必须注意，赢得信任要经过长时间的经营，失去信任却可能只需要一个瞬间。以食品品牌为例，如果产品发生了产地造假、混杂异物等情况，品牌的信用就会一落千丈，品牌力更是荡然无存。即便之前食品厂家曾经声称自己的使命是"把安全的食品带给顾客"，但他们只顾利益的行为让品牌理念成为一具空壳，变得毫无意义。品牌的目标不应该是利益，而是责任。

7
BRAND
提升品牌价值　保持品牌溢价

"品牌价值"指的是品牌为企业带来的经济价值。一旦建立起品牌价值，企业就有能力一直保持品牌溢价。

要想提高企业价值，不能只依靠土地、设备等可见的企业资产，"看不见的资产"也非常重要，技术能力、内部机密等自然是重要的资产，但其实"品牌"也是企业增值的影响因素之一。这些都是能为企业创造利益的"无形资产"。在品牌资产中包含了"客户基础""组织能力"等因素，在以前，日本企业是不太认可"品牌"这项无形资产的重要性的。不过，近年来这一情况终于有了好转，越来越多的企业将目光投向了"品牌价值"。要说原因，自然是越来越多人认识到"品牌价值"能够为企业带来"经济价值"。

品牌也是一种无形资产

企业

技术能力

品牌

品牌不仅是资产，
也能创造价值

前面的故事提到过，如果两杯咖啡使用了相同的咖啡豆，顾客会因为品牌而愿意为某一杯支付更高的价格。正如故事所说的，"品牌"是顾客用来判断企业、商品的一个信息点。当这个信息点成为顾客的记忆，而顾客又根据所接收到的信息选中了品牌，企业便能因此产生品牌溢价。已经有很多人认识到，如果要获得这份经济价值，就必须进行品牌营销，进一步为"品牌"这项无形资产增值，保持品牌溢价，这对于企业的发展战略是非常重要的。

优秀的品牌营销也会成为企业价值

8 BRAND

近年来，日本人也越发意识到，品牌营销在企业的经济活动中是非常重要的，甚至因此设立了以品牌营销为主题的奖项，对企业的品牌营销活动进行评价和奖励。

要打造出成功的品牌营销案例，最为重要的是品牌营销的方式以及品牌是否能全程保持营销活动的连贯性，这些活动包括战略和品牌体验的基础搭建、体验场所的提供等。这些品牌营销的方法在欧美企业和跨国企业中早已普遍应用，不过，日本近年来才终于认识到品牌营销的重要性。日本虽然在品牌营销方面落后了一些，但也正奋起直追，2018年品牌咨询公司Interbrand发起了"日本品牌奖（Japan Branding Awards）"的评选活动，这个奖项旨在表彰策划了优秀品牌活动的企业、团体，并为大众提供学习优秀品牌活动案例的机会。

品牌营销活动的连贯性非常重要

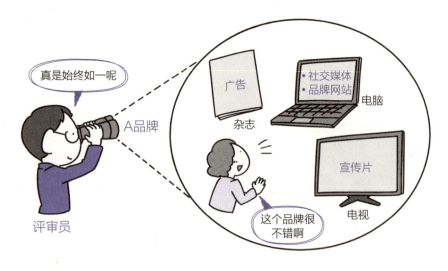

真是始终如一呢

A品牌

评审员

广告

杂志

· 社交媒体
· 品牌网站

电脑

宣传片

电视

这个品牌很不错啊

日本品牌奖主要关注两个方面：一是品牌营销活动是否连贯；二是企业内外是否很好地同步了活动信息并顺利开展活动。该奖项的评分方式是，将品牌营销活动全流程分为5个部分，包括4个进程和1个结果，即"品牌定义/品牌概念策划""品牌表现的规范/基调和手法""用户接触点的规划""用户接触点的体验"以及"活动成果"，根据各部分的评判标准和得分点对企业的品牌活动进行打分。虽然Interbrand的评判标准只是一家之言，但是能得到优秀品牌活动的表彰，也是对企业的品牌力和支持品牌的业务能力的认证。也就是说，消费者会根据企业优秀的品牌营销能力，推断出这家企业的经济活动状况良好，从而提高对企业价值的认可度，因此，如果企业要进行品牌营销活动，不妨把这个奖项当作小目标。

■ 日本品牌奖的评选标准

3种评估品牌价值的方法

BRAND

作为最能带来竞争力的无形资产，品牌的价值要如何测算呢？以下这3种方法可以对品牌价值进行评估：成本法、市场法和收益法。

第一种是"成本法"，将企业在打造品牌的过程中所花费的全部成本加在一起进行统计。但是这种算法的问题在于，要准确算出品牌开发的成本是非常困难的，而且品牌开发成本也不一定能反映出企业将来的收益和风险。并且，以这种算法对品牌价值进行衡量的话，相当于品牌开发的投入越大，品牌价值越高，这显然不是完全正确的。

评估品牌价值 什么方法更合适？

❶ 成本法
打造品牌的过程中所花费的成本

研发费用
广告宣传费用
人力费用
其他
品牌价值

把所有的成本累加起来就等于品牌价值了吗？

"成本法"显然不是一个合适的品牌价值评估方法。第二种方法是"市场法"，这是一种基于实时价格来进行价值评估的方法。这种方法将本品牌与并购市场中已有过交易的相似品牌进行对比，以相似品牌的交易价格为参考，来计算出评估对象的品牌价值。但"市场法"也有问题，如果被评估的品牌非常特殊，找到相似的参考对象不太容易，这种方法就不能使用。第三种是"收益法"，以品牌在将来会创造出来的现金流的折现率（这个数值表示的是，假设将未来预期收益的价值折算为现值的话是多少）进行评估。虽然这种方式也存在着一些问题，例如企业将来的现金流难以预测、折现率难以估算等，但在这三种方法中，收益法依然是最好的估值方法。

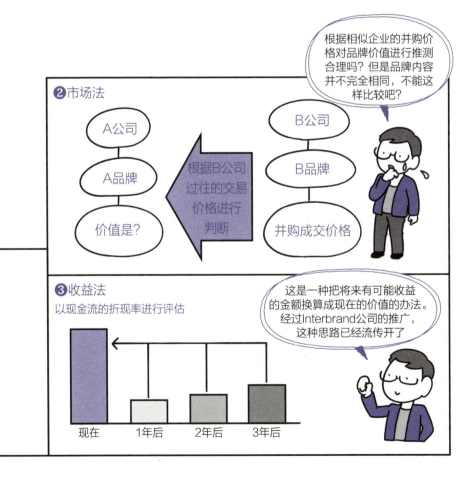

用收益法计算出品牌价值

收益法的计算方式是把将来的品牌价值换算成现在的价值。在用该方法计算品牌价值时，需要从以下的3个步骤进行思考。

上一节提到了可以使用"收益法"来计算品牌价值，接下来我们来看一下它是如何操作的。这个计算方法一共分为3个步骤，第一步是进行财务分析。先得出该品牌将来预期产生的利润金额，主要以财务数据来体现，然后从营业利润中减去成本，得出企业经济获利的金额，也就是"经济利润"（Economic Profit，缩写为EP）。"经济利润"代表着企业在一年内产生的附加价值（额外的利润），预测这样的利润能够持续多少年，根据年份计算出具体的金额。

收益法的思考方式

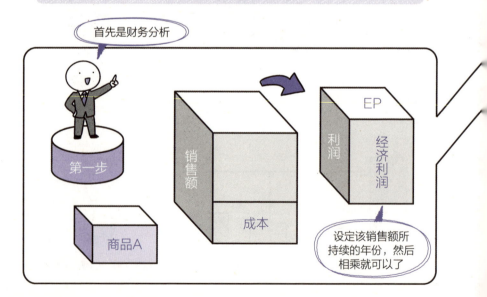

首先是财务分析

第一步

商品A

销售额

成本

EP

利润

经济利润

设定该销售额所持续的年份，然后相乘就可以了

第二步是分析品牌的作用，即对消费者购买该品牌产品的原因进行分析，评估品牌的影响力贡献了多少利润，从而算出"品牌作用指数"。将步骤一中的"经济利润"乘以"品牌作用指数"后，就能得出品牌在利润中所贡献的数值。而为了测算该数值的确定性，第三步就是进行品牌强度分析，得出"品牌强度分值"，以这个分值来评估上述由"经济利润×品牌作用指数"计算出来的利润在多大程度上能够实现，从而将未来的品牌价值换算成现在的价值。Interbrand公司采用了10个标准来计算品牌强度分值，如果你没有办法这么严谨地照做，只要计算出"未来利润额与持续年份""品牌对销售额的贡献度""销售额实现的确定性"，在行业内进行对比，也能了解到品牌的价值是在哪个级别。

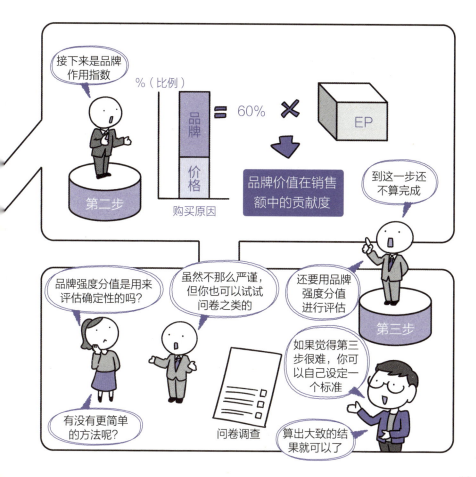

品牌营销与市场营销的关系

BRAND

很少有人能够清晰地了解品牌营销和市场营销的差别。想要弄清楚这两者的区别，关键是要明确品牌营销在市场营销战略中的位置在哪里。

品牌营销和市场营销的差别到底在哪里呢？从本质上来说，市场营销的目的是要建立起一套销售机制，在此之前，企业要先决定好产品的细分市场、目标客户和市场定位，也就是明确产品要瞄准哪个领域、向谁销售、和竞争对手有什么差别。在这个阶段，最重要的就是常说的"4P"营销理论，即Product（产品）、Price（价格）、Place（渠道）、Promotion（促销）的首字母组合。也就是说，市场营销需要明确"销售什么产品、售价如何设定、在何处销售、如何以宣传推动销售"。

从"4P"到"4E"

4P
Product（产品）
Price（价格）
Place（渠道）
Promotion（促销）

4E
Experience（体验）
Exchange（交换）
Everyplace（无所不在）
Evangelism（传播）

市场营销　品牌营销

　　而到了如今的社交媒体时代，市场营销战略已经从企业单方面发起动作的"4P"营销理论演变为"4E"营销理论，即Product（产品）变为Experience（体验）、Price（价格）变为Exchange（交换）、Place（渠道）变为Everyplace（无所不在）、Promotion（促销）变为Evangelism（传播）。在当下的市场环境下，我们应该如何考虑品牌在市场营销战略中的位置呢？品牌营销最关键的一点在于，企业必须把品牌放在市场营销战略的中心位置。因为品牌战略要借助"4P""4E"等真实的市场营销活动，才能在顾客心中建立起品牌价值，"4P""4E"可以说是企业将品牌传播给顾客的手段。

■ 如何确定品牌在市场营销中的位置

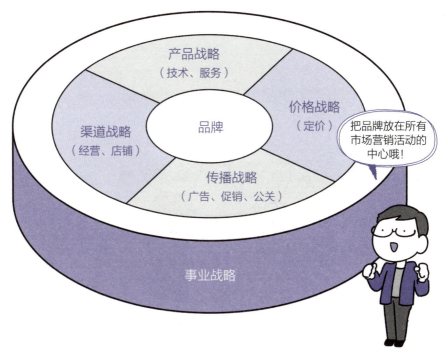

产品战略
（技术、服务）

价格战略
（定价）

渠道战略
（经营、店铺）

品牌

传播战略
（广告、促销、公关）

把品牌放在所有市场营销活动的中心哦！

事业战略

12
BRAND
🎁

要实现品牌战略
必须抱有集体强信念

要让品牌战略落地到实践上，企业中的"管理者""企业文化""员工"必须紧密结合成为一个整体，为实现品牌愿景共同推进企业活动。

品牌营销是否能够成功，关键在于"企业上下是否对品牌抱有集体强信念"。这种信念并不只是企业的管理者或高层的个人想法，企业员工的想法也是非常重要的。在推进品牌营销之初，管理者和员工的思想就必须达成一致。当企业内部以自上而下的方式来驱动品牌战略时，如果公司高层对品牌如何发展并没有明确的想法，那么员工也不会认真地执行，品牌营销工作就会停滞不前。

实现品牌战略的必要条件

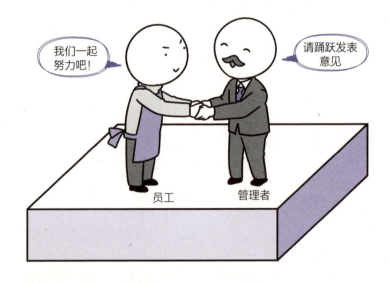

我们一起努力吧！

请踊跃发表意见

员工　　　管理者

在一些全球知名企业中，很多时候是企业高层身先士卒，带领员工开展品牌营销的工作。像这样自上而下地推动品牌营销，需要员工信赖、尊敬管理者，而管理者反过来也能带动起员工的干劲。而以自下而上的方式开展工作时，则需要从管理者到一线的员工都对品牌抱有强烈的信念，这一点非常关键。自上而下也好，自下而上也罢，无论是哪种方式，企业的管理者和员工们都必须认真地投入工作，这份责任心是取得成功必不可少的条件。在品牌营销中最重要的是企业全体上下一心，就像自行车的两个轮子一样相辅相成，一起向着品牌愿景（即品牌的发展目标）努力，让企业活动——落地。

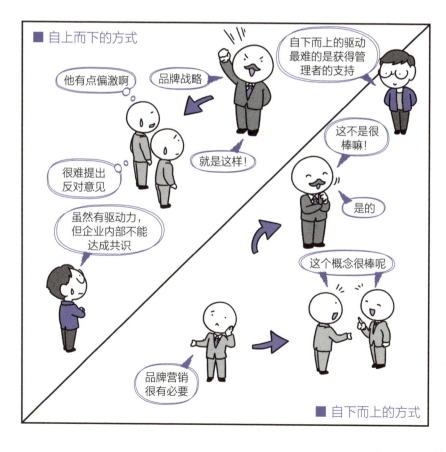

13 日本企业的品牌营销失败案例

BRAND

其实，有很多日本企业已经非常重视品牌营销，但依旧还是有做不好品牌营销活动的情况。我们需要了解这些失败的案例，在失败中发现通往成功的道路。

"品牌营销，打个水漂。"这是很多日本企业失败案例的写照。这些案例都有一些共同点，那就是企业其实已经深刻地认识到品牌营销的重要性，对品牌增值的理论滚瓜烂熟，也能开展品牌调研并根据结果进行反思调整，甚至有很多企业有能力执行PDCA循环，但品牌营销的结果依然不是很好。从这些案例中，能够看出是"日本企业的惯性思维"导致了他们在品牌营销上的失败。这些企业还试图在原来的体系和思维方式中解决问题，没有进行彻底的改革。

思维困局导致了失败吗？

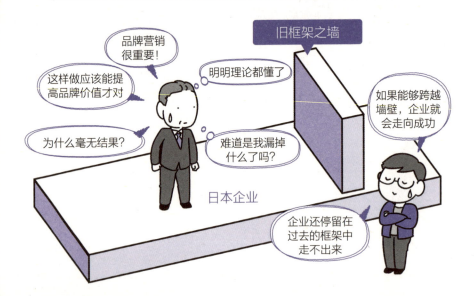

品牌营销很重要！

这样做应该能提高品牌价值才对

明明理论都懂了

旧框架之墙

如果能够跨越墙壁，企业就会走向成功

为什么毫无结果？

难道是我漏掉什么了吗？

日本企业

企业还停留在过去的框架中走不出来

　　这样的日本企业大多已经形成了自己独有的体系、文化和思维方式，在这种成熟的框架中进行优化，不仅效率高，还很容易看到效果。因此，他们已经习惯了这套框架，很难完全摆脱它去创造新的想法。这些企业即使去了解其他企业的做法，大多也只是把业内同行的优秀案例往自己身上生搬硬套。如果不能摆脱之前的思维模式，重新去思考、去实践，这些企业的品牌营销工作只能困在原地、止步不前。另外，一提到日本企业无法突破固有框架的现状，总会听到几个理由，例如"缺少精神领袖""丧失技术优势""没有战略"等。其实这些问题都是可以对症下药的，也有不少日本企业能够踏踏实实地思考方法、解决问题，并成功地推动品牌营销，做出成果。只要企业全体成员能够并肩作战，一起学习正确的品牌营销方法并认真地实践，这样的案例就会越来越多。

■ 针对问题逐一解决

14 BRAND
🎁

中小企业更容易实现品牌化

只有大企业才能做品牌营销吗？当然不是。小企业有小企业的优势，只要活用自身的优势，自然也能找到适合小企业的品牌营销方法。

品牌营销通常要在广告、设计等方面投入很多经费，所以会让人有一种错觉，认为品牌营销只有大企业才有条件实施。其实，小企业也能通过合适的方法来成功地打造品牌。其中一个原因是，小企业更容易在品牌上做出个性，也就是更加容易做出特色来。只要突出品牌个性化的特点，企业就能锁定目标用户群体，也能更具体地想象出目标顾客的形象。这样一来，要吸引特定群体就变得容易多了。

中小企业的品牌营销

大企业

中小企业

意见太多，难以统一

中小企业的优势在于，目标顾客的形象更加具体化

　　而另一方面，大企业要追求销售规模，如果品牌太有个性，容易陷入滞销的困境。大企业是不会把目标顾客只锁定在某一特定群体的，这样做的话市场太狭窄了，而特定群体又往往有着明确的用户画像，这种种条件都非常利于中小企业进行品牌营销。况且，即使大企业想推出面向特定群体的产品，在经过上层和相关部门的重重审核后，那些个性化的部分也可能逐个被削去，变成平庸的商品。此外，小企业比大企业的决策速度更快，这也是一个优点。在数字时代，市场瞬息万变，企业必须要快速响应顾客的需求，决策速度快的公司能够抢在对手之前让产品问世，从而在竞争中占据优势。

■ 中小企业在品牌营销上的优势

品牌营销
术语集①

☑ 关键词

商标

商标是为了让自己公司的产品、服务与其他公司的区别开来而使用的标志（识别标识）。商标是标志本身和使用这个标志的商品、服务的组合，是权利的一种，当商标在日本专利局通过注册后，有效期长达10年，在此期间商标权是受到保护的。

☑ 关键词

现金流

现金的流动，即资金的流入、流出、收入、支出等。指的是从企业的财务活动（如制造、贩卖、提供服务等）中得到的收入减去对外（原材料供应商、经销商、销售门店等）的支出后，在企业手上剩余的资金。

☑ 关键词

经济利润（Economic Profit）

用来表示企业所创造出来的经济方面的附加价值的指标，可缩写为"EP"。常作为评估投资尺度和员工业绩的指标。如果经济利润的值是正数，就代表这家企业能够创造附加价值，经济利润也是在并购业务中用来确定价格的指标。

☑ 关键词

并购（M&A）

　　"M&A"是"Mergers and Acquisitions"的缩写，可译为"企业的兼并和收购"。它既可指两家以上企业合为一家的兼并行为，也可指一家企业对另一家企业的收购活动，并购通常作为企业继承和扩张业务、开拓新业务、资金募集等的手段。

☑ 关键词

KPI

　　"Key Performance Indicator"的首字母缩写，可译为"关键绩效指标"。针对销售额等总目标，可以用目标达成度指数来评估实现总目标的进度，KPI指的是为了进行评估而设立的中间目标。

LOGO

DESIGN

VALUE

TRUST

IDENTITY

第章

把握品牌营销的全貌

你已经知道了"品牌"一词的含义以及"品牌营销"究竟是什么,这一章你将学习如何推进品牌营销工作。你会掌握到品牌营销的总体思路,即如何开始品牌营销,什么是品牌营销的必要条件等知识。

真正让品牌升值的营销活动

BRAND

"品牌"一词虽然经常被人提起，但很多人并没有了解品牌的真正含义，而是怎么方便怎么用。要想学习真正的品牌营销知识，首先必须知道品牌的正确含义。

　　如今常有人谈论"品牌营销"，在大多数情况下，人们对于品牌营销有两种解释。一种是将品牌营销定位为"市场营销的延长线上的措施"，这里的"品牌营销"指的是广告、宣传活动，即通过商标、商品包装、大众传媒等形式将品牌的形象传达给顾客。这也是为大多数企业所认同的品牌营销概念，不过，在领导品牌看来，上述概念与真正的品牌营销是存在一定差距的。

什么是品牌营销活动

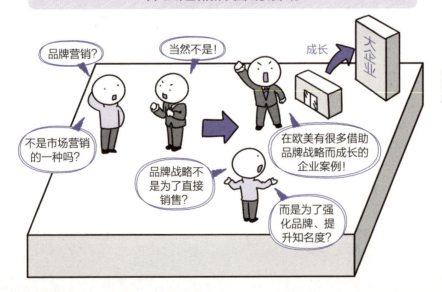

对于领导品牌而言，"品牌营销"是指为了不断接近品牌愿景而进行的"品牌活动"。企业在策划品牌活动时需要把握好品牌的理想形态与现状之间的差距，针对问题进行分析，通过思考得出解决方案并落实到实践中，通过这些行动来提升品牌价值。所谓的"理想形态"，指的是让顾客正确地认识到品牌拥有怎样的愿景，并与品牌产生共情的状态，企业为了达到这种状态不断进行品牌活动，从而不断提升品牌价值。品牌活动的含义非常广泛，不仅囊括了商品研发、广告宣传等市场营销活动，还有为了实现品牌愿景而进行的意识改革，其对象包含企业内所有部门的成员以及顾客。

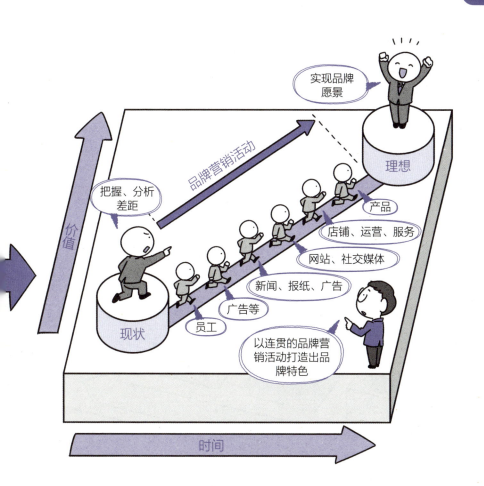

品牌营销必备的3大步骤与8个因素

BRAND

企业要强化品牌的价值，有8个要素是必须具备的。只要针对每个要素发力，就能够顺利地推动品牌营销。

为了让品牌价值实现最大化，企业必须按照3个步骤实施品牌营销，而其中的8个因素是极其重要的。第一步是调查与分析，其中主要的因素是"企业（company）分析""顾客（customer）分析"与"竞争（competition）分析"。第二步是制定品牌战略，这个步骤中最主要的因素是"品牌愿景的构筑"。第三步是实践品牌战略，其中"品牌元素""内部品牌营销""外部品牌营销""效果验证"都是必备的因素。在开展品牌营销工作时，牢记并应用这些步骤和因素，就会让你越来越接近成功。

品牌营销的三大步骤与8个因素

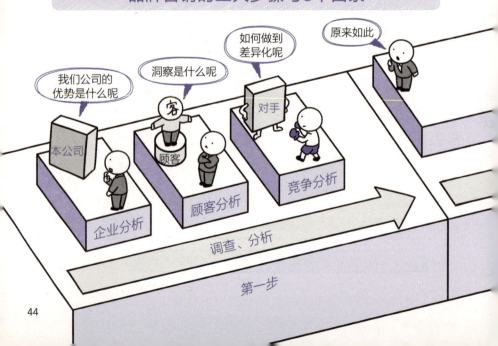

在第一个步骤中，企业可以通过"企业分析"来把握自己的优势，通过"顾客分析"来了解、洞察顾客的需求，通过"竞争分析"找到能与其他企业形成差异化的方式。而第二个步骤中的"品牌愿景的构筑"，则是明确了品牌所能提供的价值。接下来，在第三个步骤中，企业以"品牌元素"来打造品牌特色，而后以"品牌传播活动"来管理品牌特色。"管理"指的是在企业内外渗透品牌特色，这两个行动分别被称为"内部品牌营销"和"外部品牌营销"，需要对它们加以区别、分开进行。最后的"效果验证"则是针对已经执行的品牌战略的每个部分的效果进行检验，重要的是，企业要针对检验结果思考更加有效的营销方案，并持续实施优化措施。

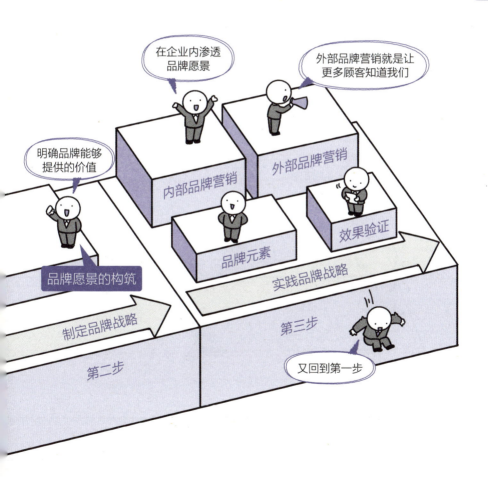

3 BRAND

以企业分析找到己方品牌的优势

品牌营销战略和市场营销战略、事业战略一样，第一步也是要先分析自己的企业。在正式启动品牌营销战略之前，首先要确认自己的品牌在市场上的位置。

在开始品牌营销之前，企业首先要分析自己的企业和品牌。这样能够使企业正确地把握理想和现实之间差距，以及找到自己的公司和品牌的强项。企业比较容易分辨出来的强项是竞争对手无法模仿的独特技术和材料，除此以外，企业悠久的历史、在行业中市场占比等，也可以成为企业的卖点和让顾客、客户放心的原因。在找出强项的同时，发现企业目前存在的问题也非常重要。企业要正确地把握问题发生的原因，例如这个问题是因为对手而产生的，还是由自己引发的。

积累优势　立于不败之地

还有，企业的品牌资源有哪些？品牌愿景和品牌使命是什么？这些也是企业必须明确的。这些因素都是基于企业理念衍生出来的，因而非常重要。如果企业提出了和企业理念不相符的愿景、使命，要落地执行是非常困难的。如果你找到了自己比对手更优秀的特点，还要深入分析它是否能够作为竞争优势，并提升企业的品牌价值。在分析中你不能局限于当下的市场环境，而应该将视野放得更远，探索市场中是否存在着对应这一优势的潜在需求。同样地，你也不能局限于现有的用户接触点，而必须有意识地找出能连接到新消费者的接触点。

发现潜在需求
找出顾客洞察

4

BRAND

　　"顾客洞察"与潜在的需求密切相关，它也是品牌营销成功的关键。如果企业抓住了在表面上看不见的需求，就能打造出高度差异化的品牌战略。

　　如果想捕获对手尚未察觉的市场需求，那么，品牌营销第一步中的"顾客分析"将会起到非常重要的作用。但是，即使你去询问顾客为何购买某个商品，又或是为何选择某家店铺，大多数顾客是没有办法清晰地说出原因的。购买商品和选择店铺都是表面展示出来的行动，要从这些行动中发现深藏在顾客心底的潜在需求，找到代表着顾客心声的"顾客洞察"，这就是顾客分析的目的。

顾客洞察

顾客洞察就像火山的岩浆

需求

洞察
（意识不到的需求）

现在很多东西都能随手买到，市场处于饱和状态，要在这样的市场中进行顾客分析的话，只靠现有的问卷调查形式（包括定量调查和定性调查）是很难找出顾客洞察的，还要摸索出未被满足的需求，这对企业来说简直是难上加难。因此，一些企业在品牌营销中又引进了各种分析工具，例如"人种志研究法"是在细致观察客户的行为后形成假设，"舆情分析"用以分析社交媒体和互联网上的舆论，而"消费者旅程"则分析了顾客从认知商品到购买，以及购入后如何使用的行为和思考。另外，最近还有一种方法是，从网络社交平台了解用户之间的交流或者顾客与客服的对话，以此来寻找客户洞察，这种方法也非常有效，所以也被很多企业采用，成为品牌战略的一环。

5 进行竞争分析　形成差异化

BRAND

要打造一个品牌，最为必要的因素是与别人形成"差异化"。明确企业的品牌定位和品牌个性，对于建立差异化是非常重要的。

要开展品牌营销，必须要形成"差异化"，也就是说企业要展示出与对手企业不同之处。当然，顾客要先看到企业和对手的差别才会注意到品牌，而且这种差别必须对顾客是有价值的。可以说，企业越是能在顾客的脑海中留下印象，让顾客认为"要买就买这个品牌"，品牌力就越强。换句话说，如果一家企业的产品和对手没有区别，那就不可能让顾客产生对该品牌的偏好。一定要明确品牌的强项和被顾客认可的特点，这样可以让顾客将品牌打上特定的标签。因此，竞争分析对于企业开展品牌营销是很有必要的。

品牌定位和品牌个性

■ 进行品牌定位时要有发展的眼光

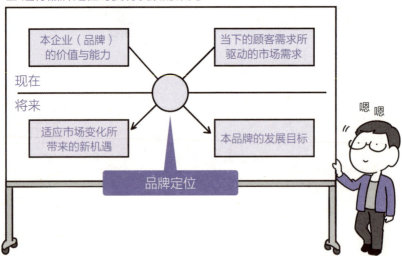

企业在进行竞争分析的时候，还应该思考"品牌个性"，也就是品牌的"性格"。品牌个性相当于人类的人格，代表了品牌性格特征的形象。将自己公司的品牌个性和其他公司的品牌进行对比，自然能够形象地凸显出自己公司的优势。而将品牌个性与市场需求结合，更可以进一步推导出品牌定位，这不仅代表品牌当下的市场地位，更指明了品牌以什么为发展目标才更有效。如果一家企业的品牌个性、品牌定位都和对手一样，让人看不出差别来，那么它就很难成为顾客的首选。因此，企业必须设定好品牌个性，并不断地进行改善，才能充分发挥自己的优势，和对手形成差异化。

■ 品牌个性

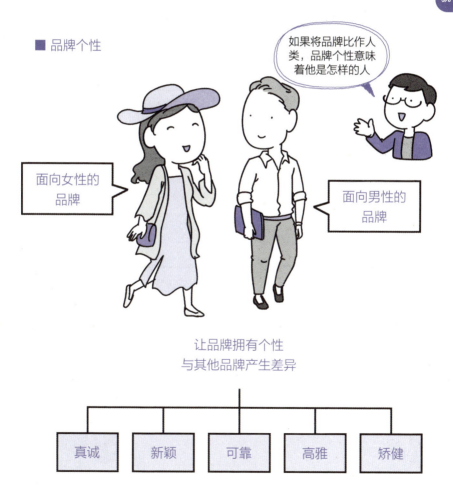

让品牌拥有个性
与其他品牌产生差异

6
BRAND

为品牌设立稳定的发展目标

在进行品牌营销时，"品牌愿景"是不可或缺的。如果一家企业的品牌价值很高，那么它旗下的品牌一定拥有独立且明确的核心理念。

在进行品牌营销时，企业必须要设定好"品牌核心理念"，也就是品牌愿景。品牌核心理念中包含了很多东西，如本品牌独有的品牌价值、与其他品牌的差异、对顾客的承诺、员工活动的出发点等，这些都是建立品牌时应该确立下来的。品牌价值高的企业都有这些特征：企业对其品牌有着明确的发展目标，企业内从上到下都理解品牌愿景，并为实现它而努力，企业也会定期开展相应的培训。

品牌核心理念 = 品牌愿景

品牌愿景中包含的内容

| 本品牌独有的价值 | 与其他品牌的差异 |
| 对顾客的承诺 | 员工活动的出发点 |

嗯

原来包含了这么多东西呢

品牌愿景理应作为品牌的基础，位于所有企业活动的中心，企业的传播战略、事业战略、渠道战略、产品战略、人事活动等都应该围绕品牌愿景进行。这样一来，企业的品牌愿景会更加明确，品牌的信念也能够确定下来。以传播活动为例，即使是用再悦耳的表达方式、再亲切的文案来进行传播，如果员工活动的出发点没有定好，那么所有的行为都只是无根之木、无源之水。在推行品牌战略的时候，如果企业的理念尚未十分完善，至少也需要设定好品牌愿景，为企业上下能够团结一致地进行企业活动打下基础。

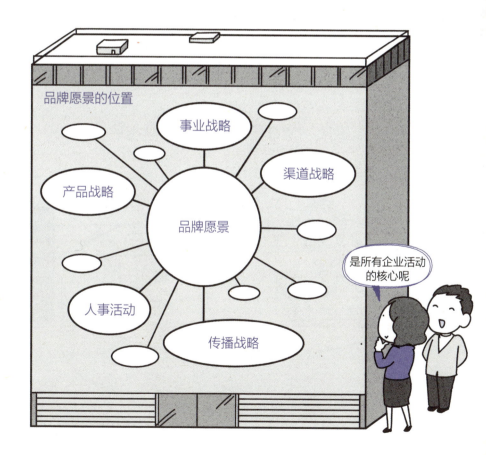

品牌愿景的位置

事业战略

渠道战略

产品战略

品牌愿景

人事活动

传播战略

是所有企业活动的核心呢

7 展现品牌愿景的架构设计

BRAND

要实现品牌愿景，企业就必须设计好具有品牌特色的"说话方式""传播方式"和"展示方式"，让品牌的特色展示在每一个细节。

在确定品牌愿景之后，接下来企业需要决定品牌愿景以什么样的方式具体地呈现出来。就算企业设定了和其他品牌截然不同的品牌愿景，如果这种差异不能让所有的利害相关方（包括顾客）感受到，那就没有意义了。顾客是通过各种各样的接触点与企业建立联系，从而感知到品牌的。要强化品牌认知，就必须以直接、清晰的语言来表现品牌特色，并向顾客提供体验品牌的机会，从而在顾客群体中逐渐积累起品牌形象。

以直接、清晰的语言传达品牌特色

■ 假如企业无法用清晰的语言表现品牌特色……

为了提供准确的品牌体验，企业必须遵从品牌愿景，设想他们希望顾客对品牌形成什么样的认知，从而研究出深入到每个细节的表现方式。这里的表现方式包括两个方面：一是"说话方式和传播方式（即语言识别）"，也就是语言表现；二是"展示方式（即视觉识别）"，也就是视觉表现。以这个表现体系为基础，企业可以通过广告、宣传物料、官方网页、展会、商品包装、营业话术，甚至员工名片、企业信封等商务用品，一点一点地构建起品牌希望展示出来的形象。只有这样，才能让来自不同接触点的顾客都感知到品牌特色。而要实现高度一致的顾客体验，其重点在于制定品牌规范，企业需要将品牌规范与企业内外所有的品牌相关人员同步，并基于品牌规范来设计品牌表现。

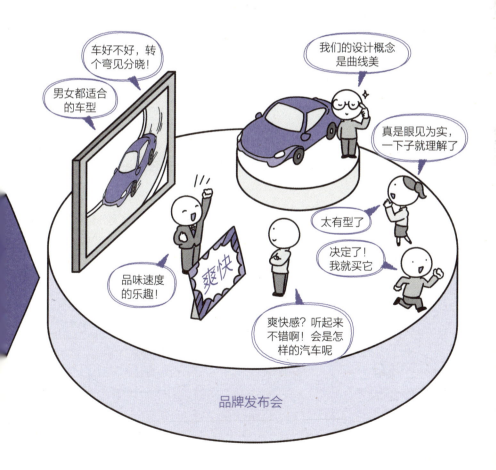

品牌愿景应先渗透企业内部

要提高品牌价值，企业需要让品牌愿景渗透到企业内外每个人的心中。对于企业而言，一位好的员工不是一般意义上的优秀员工，而是适合本品牌的员工。

实现品牌价值的最大化也是有捷径可走的，那就是调整管理方式，使其更加适应品牌愿景。因此，以品牌愿景为基础进行员工培训是非常重要的，企业需要让品牌愿景渗入每一位员工的心中。最重要的是，员工培训要培养的并不是普适型的"优秀员工"，而是要培养真正匹配品牌的员工，他们能够为品牌提出合适的创意，并将想法落实到业务上。高品牌价值的跨国企业在所有的商业活动中都会扎根于品牌愿景来管理生意。

调整管理方式 适应品牌愿景

在对品牌愿景的理解上，如果管理者和员工无法达到高度的同步，那么他们就无法正确地将品牌愿景传达给利害相关方。例如，在对接原材料供应商时，如果采购人员没有理解好品牌愿景，也就不能明白品牌对材料品质的要求，最后很有可能采购到不符合预期的材料。还有，店铺销售人员是直接接触顾客的，如果他们说不出自己品牌和竞争对手的区别，也就无法让顾客感知到品牌的美好愿景。企业要坚守品牌愿景，并且将它同步给所有的相关人员，这样才能获得顾客的信赖。为了将品牌愿景顺利地传达给顾客，在企业内进行"内部品牌营销"是非常重要的。

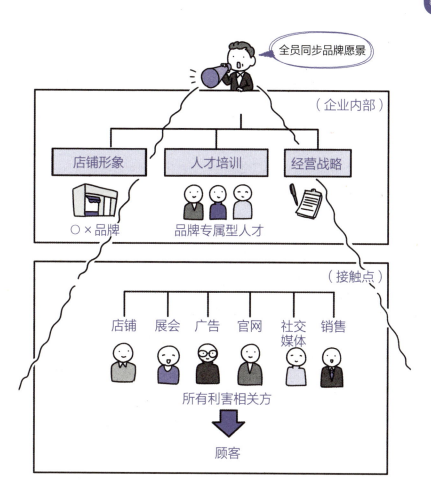

9 BRAND

对外同步品牌愿景
打动顾客

在企业内部以及企业相关人员都理解了品牌愿景之后，接下来企业需要进行对外的渗透方案，对象是以顾客为主的企业外部人员。

在品牌战略的实践阶段，企业必须确定好品牌的特色，并且让所有相关人员都能理解。接下来企业需要进行企业外部同步，企业外部的相关人员不仅有顾客，还包括了中间商和零售商。当然，如果想要被顾客选中，那么无论经过多少个环节，品牌愿景的相关信息最终必须到达顾客手中。在这个过程中，企业要充分地将品牌的魅力表现出来，来吸引顾客选择自己的产品。这种将品牌愿景向外同步的行为就是"外部品牌营销"，企业可以通过多种形式进行外部品牌营销。

外部营销与内部营销

最容易理解的外部品牌营销形式就是电视广告和杂志广告，这两种方式已经有一定的历史了。这些年来，越来越多企业将官方网页和社交媒体加入市场营销战略中，通过这些方式进行外部品牌营销。需要注意的是，无论是广告、活动，还是零售店、官网、社交媒体等，在所有的接触点中，品牌的语言表现和视觉表现（即"说话方式""传播方式"和"展示方式"）都必须统一。如果品牌在不同的接触点上展示出了不同的表现风格，那就好像一个见风使舵的人那样，会让顾客觉得这家企业很不可靠。因此，企业要以连贯、稳定的世界观来传达出品牌愿景，这样顾客才能真正感受到品牌的特色，形成对品牌的清晰印象。

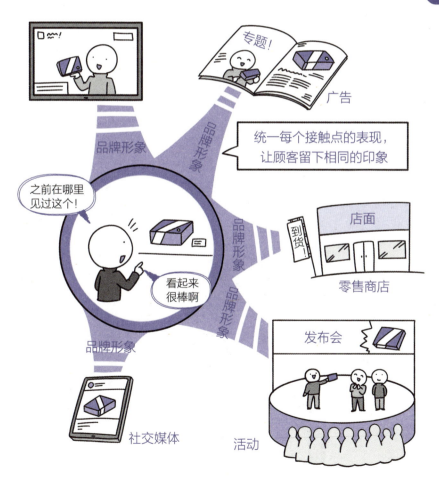

59

10
BRAND

缺乏效果检测
品牌营销就会失去意义

品牌营销是没有终点的。为了提升品牌价值，企业必须要不断地进行效果检测，记录用户反馈，并对营销方案进行优化改善，形成良性的循环。

当企业成功地让品牌愿景渗透到企业内外后，也不意味着品牌营销就此结束。品牌的价值是能够不断地提升的，因此企业也要不断地进行效果检测、记录反馈、优化改善，也就是进行"PDCA循环"，这与通常所说的"业务优化"非常相似。其中最重要的一点是，在检测效果时要提炼出问题，并提出针对性的改善措施。企业需要用清晰的指标来量化品牌力的强化效果，从而认识到需要改善的关键点，这样一来，企业接下来应该怎么做就一目了然。

品牌营销的PDCA循环

要使品牌价值持续地提升，就必须不停循环PDCA的流程

进行规划

营销实践

Do（执行）

Plan（计划）

持续改善

建立品牌

Check（评估）

Action（改善）

因为品牌营销目的不同，品牌制定的KPI（关键绩效指标）也会有所不同，所以对品牌营销进行效果监测的方式也会根据不同的企业情况量身定制。不过，在前文列举的8个因素中，每进行一次PDCA循环，"企业分析""顾客分析""竞争分析""品牌愿景的构筑""品牌元素""内部品牌营销""外部品牌营销"这7个因素，都要以第8因素也就是"效果验证"来评估它们的实现效果。而以这7个因素达成的进度为标准，则可以对品牌营销相关的所有企业活动进行KPI管理。由于品牌价值的提升是没有上限的，所以品牌营销要持续进行PDCA循环，在这样的情况下，反映品牌营销过程进展的KPI比KGI（关键目标指标）更值得重视。

■ 品牌营销的PDCA循环

Plan（计划）
• 明确品牌愿景
• 设定目标

提出改善措施

Action（改善）
检查品牌营销的进展

最重要的是要提出具体的改善措施

Do（执行）
落实品牌战略

Check（评估）
对7个因素的实现效果进行评估——效果监测

专栏

记住它们

品牌营销
术语集②

☑ 关键词

人种志研究法（ethnography）

"ethnography"一词来源于希腊语，是由"ethnos（民族）"与"graphein（记录）"两词组合而成的复合词。人种志研究法常用于针对产品使用方式的调研等，在对用户的行为进行观察后，根据结果建立假设，以发掘用户的潜在需求。

☑ 关键词

舆情分析（buzz分析）

这是以英语中的"buzz（嘈杂声）"所创造而成的新词。在短时间内受到大量关注、在社交媒体上爆发式扩散的现象被称为"buzz了"，而舆情分析正是对这些在网络平台和社交媒体的舆论进行分析。这是社交媒体时代的新型营销方式。

☑ 关键词

消费者旅程（customer journey）

指的是将服务或商品的典型用户画像的行动、感情变化等按照时间序列总结，并进行可视化。这种方法常用于记录用户从了解到商品的时间点开始到最终购买之间的行动，甚至也包括购买后的行为，企业可以对这一连串的顾客行为进行细分，来研究出如何引发顾客产生购买动机。

　　其名称来自Plan（计划）、Do（实践）、Check（评估）和Action（改善）的首字母，是一种优化生产效率的模型。从P到A进行一轮后，再次回到P，这样的循环能够使各个项目的水平逐步上升，从而使品牌得到持续地改善。

　　KGI即关键目标指标，是Key Goal Indicator的缩写。企业考核中通常所采用的KPI指向的是中期目标，与之相对的，KGI则指向最终目标，是衡量最终目标达成程度的。因此，KGI更多用于销售额、利润率等数据。

LOGO

DESIGN

VALUE

TRUST

IDENTITY

3

把握现状，分析顾客，
实行差异化战略

现在你已经了解了品牌营销的必要条件是什么，接下来你将要学习到品牌营销是如何具体推进的。你需要先梳理好什么是本品牌应该做的，什么是必须考虑的，然后确定品牌的目标用户是谁，品牌要向他们传播什么信息。

为何品牌战略不可或缺

近年来，市场营销和品牌营销的重要性经常被人提起。那么，为什么企业一定要做品牌营销呢？我们一起来了解一下背后的原因吧。

　　品牌战略的目标是要提升顾客对品牌的信任，让顾客成为品牌粉丝，持续地购入产品。市场战略只能针对每个单品制定销售机制，例如如何让客户了解到产品、如何引导客户购买等。品牌战略则能够弥补市场战略的不足，解决一些市场战略无法解决的问题。具体来说，品牌的吸引力是具有连贯性的，它能帮助企业建立起"顾客关系"，这是以产品为单位的市场战略所无法做到的。举个例子，假设某家企业开发了一款非常优秀的产品，但这家企业籍籍无名，所以很难得到顾客的信任，大多数人还是会选择自己熟悉的产品。

品牌营销提升竞争力水平

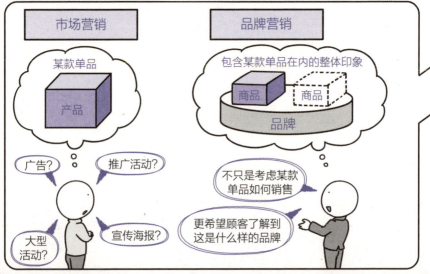

这也表明，如果企业能够利用品牌战略在顾客心中建立起品牌认同，使顾客认为该品牌的产品品控稳定，那么即使有新的竞争品牌将同类产品投入市场，也还是会有一定数量的顾客会选择购买熟悉的品牌，企业依然能在竞争中保持优势。如果双方的产品品质相同，这个优势会更加明显。反过来说，企业通过旧产品获得的信任能够为新产品的销售打下基础，使新产品的可靠度上升，获得比实际价值更高的评价。这也是为什么总有人说打进新市场很困难，因为该市场中既有的品牌已经获得了顾客的信赖，因此形成了很高的竞争壁垒。要培养出这样的信任感，企业必须通过品牌营销来维持与客户的长期关系。这样，当品牌遭受新商品的冲击时，可能只是短暂地被夺走市场份额。但如果企业没有长期的客户关系，没有建立起顾客的信任感，那么在竞争中他们可能一瞬间就败下阵来。

以3C战略三角把握品牌现状

BRAND
🎁

"为什么品牌营销完全推进不了呢?"要找出这个问题的答案,可以从"企业""顾客""竞争者"这三个维度进行分析,也就是使用"3C战略三角模型",这是一种非常有效的工具。

当企业的品牌营销很难继续推进,又或者是此前没有尝试过品牌营销的情况下,企业第一步要做的就是研究现状,了解当下到底是什么情况。"3C战略三角模型"最适合进行现状分析,"3C"指的是三个单词的首字母,分别是"企业"(Company)"顾客"(Customer)"竞争者"(Competitor)。做现状分析时要站在企业外部的视角,摆脱自以为是的"理想状态",找出顾客真正认可和期待的关键点。

品牌的3C战略三角模型

研究现状需要使用
3C战略三角模型

这三个单词
的首字母 = 3C

Customer (顾客)	Company (企业)	Competitor (竞争者)
客		

"企业分析"是为了明确自己品牌的优势和存在的问题。例如，企业拥有哪些品牌资源，品牌愿景和品牌使命是什么，品牌营销是否贯彻了企业理念等，这些问题都可以加以分析。最重要的是，企业要找出自身的优势，即和对手相比企业的制胜点到底在哪里。而"顾客分析"则是要了解顾客洞察，明确谁才是真正的目标顾客、他们的需求到底是什么。"竞争分析"则是去找对手的强项和问题以及本公司能够区别于对手的特点。"3C战略三角模型"能够帮助企业制定出更有效的战略，顺利地驱动品牌营销，在竞争中胜出，可以说是企业必备的战略工具。

■ 从三个维度分析品牌营销

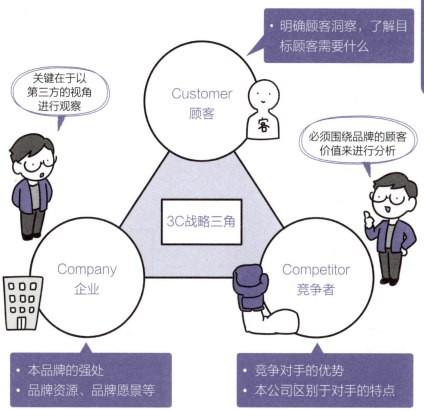

- 明确顾客洞察，了解目标顾客需要什么

关键在于以第三方的视角进行观察

必须围绕品牌的顾客价值来进行分析

Customer
顾客

客

3C战略三角

Company
企业

Competitor
竞争者

- 本品牌的强处
- 品牌资源、品牌愿景等

- 竞争对手的优势
- 本公司区别于对手的特点

3
BRAND

除了廉价　还有什么是优势

要进行品牌营销，企业一定要先了解自己品牌的优势。第一步是要正确地掌握自己的品牌在大众心目中的认知程度。

想要品牌营销取得成功，企业首先应该找出自己的优势。前文提到过，如果使用3C战略三角模型进行分析的话，任何品牌都能发现自己的强项。有些强项也许看起来不算什么，但也许只是你没有意识到它的重要性，如果站在顾客的角度去看，它恰恰会成为顾客选择这个品牌的理由。但如果顾客选择某个品牌的理由只有"价格"，那么不难想象，一旦出现品质相同但更便宜的竞争品牌，企业之间就会开始打价格战，市场陷入激烈的竞争状态，变成"血浪滔天的红海"，企业将会疲于应战。

除了价格　本品牌还有什么优势

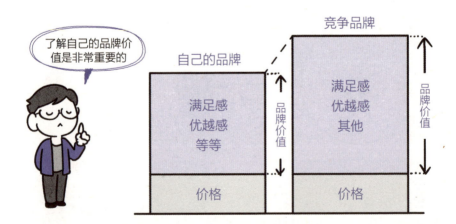

了解自己的品牌价值是非常重要的

自己的品牌
满足感
优越感
等等
品牌价值
价格

竞争品牌
满足感
优越感
其他
品牌价值
价格

而强势品牌的品牌力本身就是一个强项，使它们在面对其他对手时依然能够保持优势。要想成为这样的强势品牌，最重要的是企业要基于客观事实和特征，发现自己真正的优势，并且一定要找到价格以外的优势。例如，安全感就可以是一种优点。"了解越多，就越是喜欢，越是信赖。"这是人类心理的常态。如果想要顾客对自己的品牌产生黏性，在情感上就需要经历"认知→理解→好感→依赖"这几个步骤，最开始的"认知"环节更是必不可少。因此，在进入新市场时候，企业要正确地把握本品牌在顾客人群中的认知程度，所宣传的品牌优点也必须能够提升企业和品牌的认知度。只有先让顾客认识了品牌，继而购买、使用之后，顾客的情感才会往更深的"理解""好感""依赖"发展。

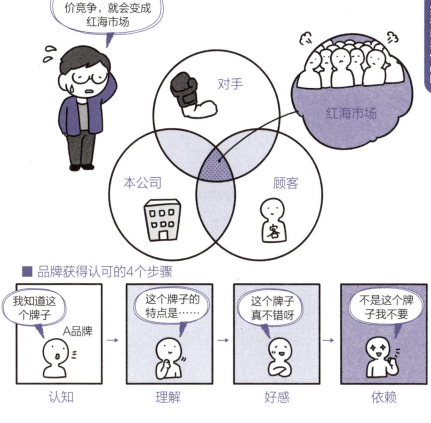

■ 品牌获得认可的4个步骤

我知道这个牌子　A品牌 → 这个牌子的特点是…… → 这个牌子真不错呀 → 不是这个牌子我不要

认知　　　　理解　　　　好感　　　　依赖

4 BRAND

固执己见会让你看不到自己真正的优势

要真正意识到自己公司的优缺点是很难的。在"乔哈里视窗"的理论中，这被称为"盲点窗"。有很多方法可以帮助我们看到"盲点窗"。

公司有着某些优缺点，自己却没有发现，这是常有的事。要解决这个问题，可以使用一种名为"乔哈里视窗"（Johari Window）的方法。这种方法按照人的自我认知和他人认知两个维度，把信息分为四个区域，分别是公开窗（①）、盲点窗（②）、秘密窗（③）和未知窗（④），形成一个自我认知结构。这里要特别注意的是盲点窗，正如前面所说的，很多时候自己反而最不了解自己的优点，所以对于那些自己习以为常的事，不妨改变视角看看，也许会发现这是你最厉害的优点。

乔哈里视窗

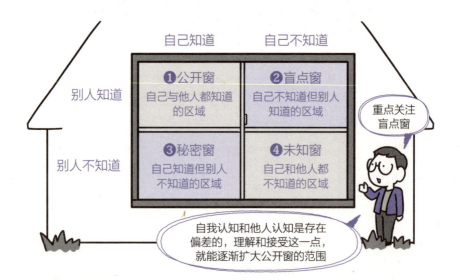

自己知道　　自己不知道

别人知道

| ❶公开窗 | ❷盲点窗 |
自己与他人都知道的区域 | 自己不知道但别人知道的区域

别人不知道

| ❸秘密窗 | ❹未知窗 |
自己知道但别人不知道的区域 | 自己和他人都不知道的区域

重点关注盲点窗

自我认知和他人认知是存在偏差的，理解和接受这一点，就能逐渐扩大公开窗的范围

如果想发现自己品牌的盲点窗，但又希望尽可能减少费用支出，那么以下的方法可以帮到你。①直接采访真实的顾客，或者向他们发放问卷，询问关于本品牌的问题；②参考网络上的讨论、社交媒体、点评网站等；③自己代入顾客的视角，思考本公司的优缺点；④询问新入职的员工，或者刚从竞争对手那里跳槽过来的员工，他们能够以其他企业的视角来进行评价；⑤询问销售、店员等一线人员，他们经常能够接触到客人；⑥询问员工的家人和朋友。这些方法都可以尝试，最重要的是要收集那些客观、不带偏见的想法。有时候，站在外部视角的人所说的话比企业内部的大多数意见更能指出企业目前存在的问题。

■ 免费找出自身优势的方法

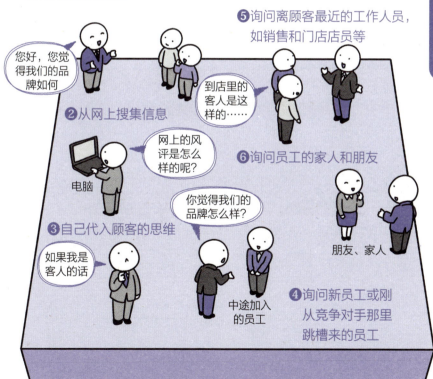

❶询问真实的顾客

❺询问离顾客最近的工作人员，如销售和门店店员等

您好，您觉得我们的品牌如何

到店里的客人是这样的……

❷从网上搜集信息

网上的风评是怎么样的呢？

电脑

❻询问员工的家人和朋友

你觉得我们的品牌怎么样？

❸自己代入顾客的思维

如果我是客人的话

中途加入的员工

朋友、家人

❹询问新员工或刚从竞争对手那里跳槽来的员工

从两个方向思考目标顾客的属性

如果一个品牌的目标顾客是"大多数人",最后这样的品牌往往会变得平平无奇。在锁定目标顾客时,企业需要从两个方向对顾客进行分析。

在锁定品牌目标顾客时,如果为了尽可能覆盖各种年龄和嗜好的人群,而以多数人作为目标顾客,品牌就会失去自己的特点。品牌营销原本的目的是增加顾客,但如果企业选择为多数人服务,品牌就会变得平庸,反而吸引不到真正的目标顾客。更好的做法是,企业针对理想的顾客人群进行更具体的描绘,让顾客形象变得清晰起来。这样描绘出来的理想顾客画像被称为"品牌的目标顾客(其中包含核心目标顾客)"。这幅画像代表着品牌认为会需要自己的产品的人群。同时,目标顾客也会对品牌的价值观与世界观产生共鸣。

把握目标顾客属性的方法

在考虑品牌目标顾客时，企业必须要明确什么样的人容易接受自己品牌的优点。但是，现代人的生活方式和价值观都非常多元化，要锁定目标顾客实在不容易。那么，你可以从两个方向去研究、把握目标人群，一个是从人口统计学的层面进行讨论，另一个是从心理学的层面（包含生活方式、价值观等）进行讨论。以前的老办法是按照年龄来划分顾客群体，但现在的研究重点是从情绪（如"喜恶""乐趣""憧憬"等）、生活方式、价值观等心理层面去探讨顾客需求，为的是在客户的脑海中建立起品牌形象。只有设定合适的目标顾客，读懂顾客的心理，品牌才会成为顾客的选择。

■ 目标顾客研究示例

■ 人口统计学属性

年龄	32岁
性别	女
职业	小时工
家庭构成	4口之家
	丈夫××岁
	企业员工
	长女××岁
	长子××岁
住址	东京都
	××区
学历	大学毕业

■ 心理属性

生活方式	住在出租公寓
	与丈夫两个人
	生活
愿望	拥有自己的
	房子
价值观	喜欢节约
性格	开朗、居家

以数据的形式展示客观事项

展示感性的项目和性格倾向

锁定目标顾客 少胜于多

6
BRAND

即使锁定了品牌目标顾客的范围，也不一定会导致顾客减少，反而还可能会增加。品牌要走向成功，需要学会灵活地划分目标顾客。

可能有人会疑惑，如果锁定目标顾客，那么能成为顾客的总人数就减少了，总销量不就降低了吗？这里举一个例子，如果品牌把目标人群定为"想安静喝咖啡的人"，就会将嘈杂的学生和家庭排除在外，但反过来说，品牌也会吸引到厌恶嘈杂空间的人，这样一来，总销量反而有提升的可能。对目标顾客进行细分，并不一定导致销量下降。况且，如果因为缩小人群范围而增加了品牌魅力的话，企业也能够拥有真正理解、喜爱品牌的顾客，而这些人很可能成为品牌的复购者。

品牌目标顾客

虽说如此，但只有顾客购买了这个品牌的产品，才能谈得上对品牌认可。对于品牌而言，畅销也就等于成功。因此，设定目标人群范围的重点在于，在品牌目标顾客的基础上，还要准确识别出以保证销量为目标的**战略目标顾客**。战略目标顾客指的是能够最大程度上确保销量的顾客群体。在思考目标人群时，必须要明确区分"战略目标顾客"和"拥有象征性形象的目标顾客（即品牌目标顾客）"。如果品牌目标顾客的范围划得太窄，战略目标顾客的数量也会相应减少，从而使品牌难以维系。所以企业在设定目标人群的时候，必须要达到一种微妙的平衡。

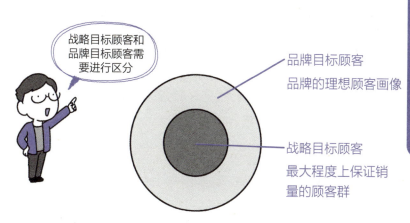

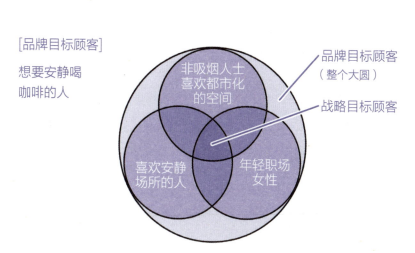

[品牌目标顾客]

想要安静喝咖啡的人

7

BRAND

将目标人群刻画为顾客画像

如果品牌无法取悦一位顾客，自然也无法取悦更多的顾客。因此，企业要将品牌的目标顾客群体刻画为一个具体的"人物画像"。

品牌是否成功，最终还是取决于品牌能否取悦一个具体的人，这个说法一点也不夸张。因为，如果品牌不能让一位顾客感到满意，自然也无法令更多的顾客感到满意。因此，企业需要为品牌的目标顾客设定一个具体的人物画像。人物画像和目标顾客的象征性形象是不一样的，不同点在于形象设定的深度。具体来说，人物画像就是从品牌目标顾客中抽出一个代表性的人物，提取出他的年龄、生活方式等重要因素制作出来的。

设定人物画像

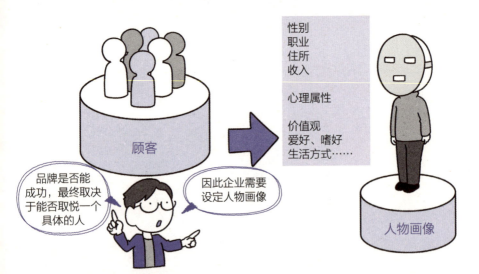

顾客

性别
职业
住所
收入

心理属性

价值观
爱好、嗜好
生活方式……

品牌是否能成功，最终取决于能否取悦一个具体的人

因此企业需要设定人物画像

人物画像

刻画好人物画像后，企业更容易以目标顾客的视角来观察品牌。并且，当企业内各个部门在针对品牌进行讨论时，人物画像的存在也使得人们更容易达成一致。人物画像虽然不是一个实际存在的人物，但是会有非常详细的数据，包括性别、年龄、居住地、职业、年收入等人口统计学属性和价值观、爱好、饮食习惯、生活方式等心理属性。用户画像要尽可能设定得像一个真实存在的人一样，这样才会有真实感，为品牌工作的人也更能对这位"顾客"产生共情，并从内心深处希望能取悦他。在企业内分享客户选择这个品牌的背景和故事，是为后续进行品牌营销打下基础。

基本信息

姓名
出生日期
住在东京
单身
事业女性

特征

- 性格开朗
- 喜欢有品位的东西
- 享受独处

来设想一下这个人的需求

人物画像

对人物画像产生共情
希望取悦她

○○小姐应该会喜欢这样的食物和时尚风格吧

8
BRAND

探索顾客心声　抓住"洞察"

"为什么会选择某个商品呢?"这个问题的答案也许连顾客本人都意识不到,却和代表真实心声的"洞察"息息相关。企业如果要开发出能够打败竞争对手的商品,就必须更好地把握住顾客洞察。

在确定了目标客户后,接下来就是探索顾客内心深处的真实心声。举个例子,想象一下有位顾客不知不觉地购买了和平时不一样的产品。究其原因,也许是因为这款商品比平时更便宜,也许是因为它有促销活动还附赠特别福利。而主导这种"不知不觉"的,正是平时不会特别去留意的心理活动。这是无意识的决策,连本人都察觉不到,有一种说法是,人类的很多行为都是在无意识的状态下进行的,反而有意识的行为占比不超过5%。

探寻顾客洞察

这种人类意识不到但却存在于每个人心底深处的心理活动，在市场营销领域中被称为"洞察"，也被称为"购买欲的驱动按钮"。在选择商品的时候，购买者的内心其实存在着无意识的洞察和深刻的理解，但是要从表面的行为去找出洞察却极其困难。"为什么购买那件商品"中的"为什么"要经过反复多次的研究，才终于能得出答案。有时候，连顾客本人都不知道答案，因此也可以说"洞察"是"隐秘的真相"。之所以洞察如此重要，是因为竞争对手也一样掌握了顾客的显性需求，也会基于显性需求来开发新品，这样就很难形成差异化。要在别人还没做过的事上抢占先机，就必须要把握隐藏的顾客洞察。

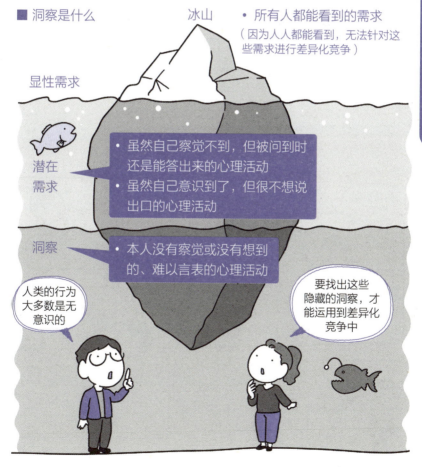

■ 洞察是什么

冰山

· 所有人都能看到的需求
（因为人人都能看到，无法针对这些需求进行差异化竞争）

显性需求

潜在需求

· 虽然自己察觉不到，但被问到时还是能答出来的心理活动
· 虽然自己意识到了，但很不想说出口的心理活动

洞察

· 本人没有察觉或没有想到的、难以言表的心理活动

人类的行为大多数是无意识的

要找出这些隐藏的洞察，才能运用到差异化竞争中

81

从顾客的行为中读取洞察

BRAND

要找出客户洞察，企业可以使用一种叫作"消费者旅程"的方法，就是将客户的行为拆分为"购买前""购买时"和"购买后"并进行分析。

洞察代表着顾客真正的心理活动，要怎么做才能找出洞察呢？如果仅依靠问卷调查和顾客反馈，完全不可能得知顾客的心理活动。要想了解顾客选择某个商品和服务的原因，企业就要认真地观察顾客的行为，进行深入的挖掘。如果企业需要精确度比较高的调查结果，可以委托调查机构，还可以通过行为观察来找出洞察，行为观察的优点在于节省成本，而且能马上行动，以下几种方式就是以行为观察为基础，非常适合用于发现顾客洞察。

读取洞察的方法

①对购买前后的行动进行拆分预测。这种方法叫作"消费者旅程"，是针对某个商品，将其顾客作为研究对象，把顾客的行为拆解为"购买前""购买时""购买后"，分别进行研究。例如"购买前"可以分为"别人介绍的""在网络上看到"等来源。然后，对顾客购买前后的各种行为进行更为详细的推测。②观察顾客购买前后的行为和日常生活。这种方法要观察顾客在购买前后进行了什么样的动作，然后基于实际的观察结果拟定假设。③举办以发掘洞察为主题的研讨会。这种方法是将构成事实的各种因素集中在一起，由品牌营销负责人召集相关人员，针对各种疑问发表假设，来找到真正的洞察。

■ 找出洞察的方法

❶对顾客购买前后的行为进行拆分预测

是这样的产品啊

在网上查一下

进行比较

互联网和社交媒体　顾客

A　B

❷观察顾客购买前后的行为和日常生活

在网上下单吧

PC

包装得真好

终于入手啦

❸举办以发掘洞察为主题的研讨会

会不会是这样呢？

为什么这个人会采取这样的行动呢？

员工会议

提出假设，找出真正的洞察

10
BRAND

评估顾客属性的4个维度

为了找出那些还未被捕捉到的潜在需求，企业需要将顾客进行分类，也就是进行顾客细分，发掘出那些会成为销量核心的顾客。

为了发掘出潜在的需求，从而成为被顾客所选择的品牌，有两项品牌特征是必不可少的：一是符合顾客喜好的品牌价值；二是存在能使顾客共情的品牌故事。品牌故事是将品牌和顾客连接在一起的情感纽带。因此，企业必须要将顾客按照不同的属性来细分，在这里，有4个维度是非常重要的，分别是产品相关度、产品判断力、价格敏感度、审美与价值观，企业可以通过对这4个维度的分析了解到客户最根本的思维方式和态度。

评估顾客的4个维度

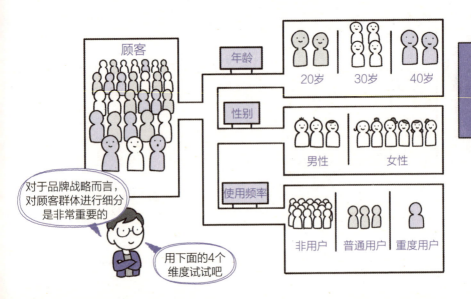

对于品牌战略而言，对顾客群体进行细分是非常重要的

用下面的4个维度试试吧

"产品相关度"指的是不同客户对产品的关注程度不同，也就是产品符合不同客户的需求的程度不同。对于相关度高的产品，客户更能感知到它的附加价值，也更愿意为它支付高价。"产品判断力"指的是客户对产品相关的知识掌握多少，是否有能力自己选购产品。但有的人在收集了各种各样的信息之后，最终还是倾向于购买之前已有的品牌。"价格敏感度"指的是指消费者愿意为这款商品支付多少钱。而"审美与价值观"则是指，如果产品不符合顾客的审美、价值观相违背，顾客就不会选择该品牌。从这4个维度进行判断，企业很容易就能找到和产品匹配的目标顾客。

■ 选择目标顾客的4个关键维度

11 明确品牌地位　制定战略

BRAND

　　了解自己的品牌处于品类内的哪个位置，这对于企业制定品牌战略是非常重要的。企业在分析品牌地位时，可以参考科特勒的"竞争定位战略"。

　　为了进行品牌的战略定位，企业必须要对竞争对手进行观察和判断。此时，企业必须将自己的产品、服务与竞争对手相比较，明确自己的位置在哪里，双方的市场规模差异有多大，以及如何竞争最合适。这就是"品牌定位"，参考菲利普·科特勒（Philip Kotler）的"竞争定位战略"来进行品牌定位分析是最有效的。科特勒将企业在目标市场竞争中的地位分为4类，分别是领导者、挑战者、补缺者及追随者，不同地位的企业应当选择不同的战略。

品牌的战略定位

"领导者"是指在该领域内市场占有率第一的品牌。领导者品牌的基本战略是"保持并扩大已有的市场占有率"。"挑战者"品牌则要挑战领导品牌，通常是领域内的前三名。挑战者品牌应试图打造与领导品牌的差异化，在领导品牌无法强化的领域提升竞争力，从而夺取领导品牌的地位。"补缺者"品牌的市场范围比较狭小，这些品牌一般只锁定特定的品类，在特定的客户群体中获得成功。它们的基本战略是发挥专业性，阻断追随者品牌的模仿。而"追随者"则是领导者品牌的模仿者，他们的战略目标是向补缺者品牌转型。当你了解自己的企业所处的位置后，就能够决定企业的基础战略是什么。

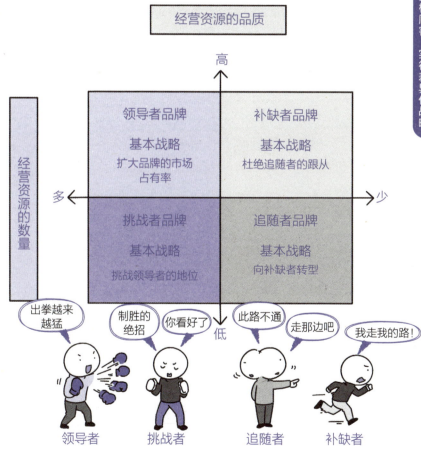

经营资源的品质

高

经营资源的数量

多 少

领导者品牌
基本战略
扩大品牌的市场占有率

补缺者品牌
基本战略
杜绝追随者的跟从

挑战者品牌
基本战略
挑战领导者的地位

追随者品牌
基本战略
向补缺者转型

低

出拳越来越猛
制胜的绝招
你看好了
此路不通
走那边吧
我走我的路！

领导者　挑战者　追随者　补缺者

12
BRAND

如果顾客无法感知
差异化战略就会失去意义

对于品牌而言，找到畅行无阻的蓝海市场，就等于握住了打开胜利之门的钥匙。为了达到这个目的，品牌必须与对手有明确的差异化。

品牌的市场地位不同，品牌的基本战略也会发生改变，但无论在什么位置，差异化都是非常重要的因素。领导者亮出差异点，与挑战者拉开差距，目标是巩固自己的地位。另一方面，挑战者则需要向顾客展示出领导者所缺乏的魅力，以此来抢夺第一名的宝座。补缺者则要专注于打造小众产品，服务特定的顾客并从中收获支持，通过这样的差异化战略来独占某个领域。而追随者则是渴望着转型成为补缺者，在新领域中成为领导者。

是否存在客户认可的价值呢？

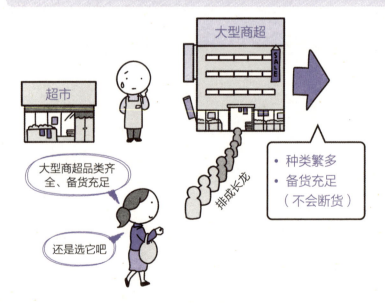

需要注意的是，企业要满足的是基于顾客洞察的市场需求，即使顾客洞察正好是企业的强项，如果这里面有竞争对手能够模仿的内容，当对手加入竞争，局势立刻就会演变为价格战，从而成为红海市场。为了避开干扰，独占蓝海市场，企业必须打造出竞争者少且能展示出产品价值的"差异点"。原则上，"差异化"指的是对顾客有价值的差异，这一点必须要注意。如果顾客无法认识到这个差异的价值，产品价值就无从谈起。还有，如果产品和目标顾客的需求不吻合，那么顾客就算看到了差异，也不会选择这款产品。所以，企业制造差异化的关键在于，产品的差异点必须能让顾客一眼看出不同之处，并且符合目标顾客的需求。

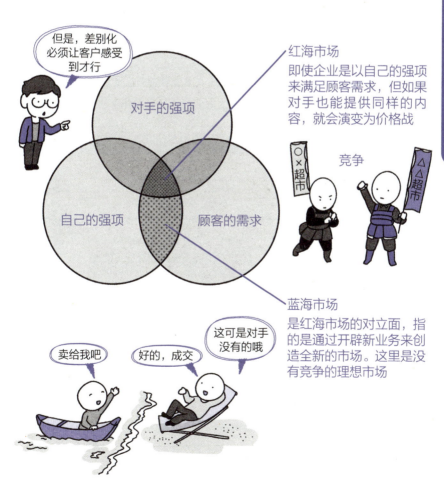

但是，差别化必须让客户感受到才行

红海市场
即使企业是以自己的强项来满足顾客需求，但如果对手也能提供同样的内容，就会演变为价格战

对手的强项

竞争

○×超市　△△超市

自己的强项　　顾客的需求

蓝海市场
是红海市场的对立面，指的是通过开辟新业务来创造全新的市场。这里是没有竞争的理想市场

卖给我吧　　好的，成交　　这可是对手没有的哦

13
BRAND

只做品牌中的第一名

能不能成为第一个被顾客想起的品牌，对于企业是非常重要的。人们对排在第二名以下的东西都没什么印象，这是"第一名等于好产品"的心理在作祟。

人类的记忆容量是有限的，谁也不会特意去记住多余的事情。如果想让自己的品牌成功地进入人们的记忆中，那么企业无论如何也要把"第一名"当作目标。因为，除了第一名，其他的没有人会记得。在很多领域的品牌认知度调查中都显示，排在第二名以下的品牌的认知率会大幅下降，如果是追随者品牌，认知率甚至低于10%。企业要提升自己在客户脑海中的品牌占有率（也就是心智占有率），因为成为第一名是非常重要的。

"第一品牌"的作用

提问：提到日本啤酒品牌，你会想到什么？

朝日啤酒　Asahi

麒麟啤酒

三得利

札幌啤酒

人们只会想起品牌中的No.1
追随者品牌的认知率低于10%（日本酒业协会2015年的调查结果）

顾客之所以倾向于选择第一名的产品，主要原因不是价格，而是出于想要规避购物失败风险的心理。"这款产品在世界上知名度高，购买的人也很多，我买起来也安心。"这种想法是影响顾客购买动机的关键因素。当然，虽说要成为第一名，但并不是说企业必须成为所有产品的第一名。品牌不必成为全行业第一名，只需要在存在差异化的某个特定领域成为第一名就可以了。进一步来说，只要将行业不断地进行细分，企业总能找到一个领域是自己能够排在第一名的。要成为这个领域的第一名，重要的是向顾客展示出自己的品牌的长处，也就是比其他品牌更优秀的特点。

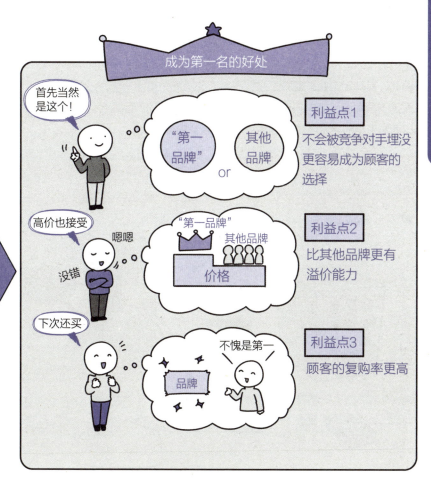

成为第一名的好处

首先当然是这个！

"第一品牌" or 其他品牌

利益点1
不会被竞争对手埋没
更容易成为顾客的选择

高价也接受

嗯嗯

没错

"第一品牌"
其他品牌
价格

利益点2
比其他品牌更有
溢价能力

下次还买

不愧是第一

品牌

利益点3
顾客的复购率更高

14
BRAND

在顾客心中留下产品的好印象

对于品牌而言，最重要的是让客户对自己的产品有差异化的认知。如果企业能改写顾客脑海中的品牌形象，那么顾客对品牌的定位也会随之改变。

即使自己的品牌已经拥有对手所缺乏的优点，但如果这个优点没有办法被顾客理解，那就没有任何意义。如何让品牌的价值和形象深深地刻于顾客的大脑中，对于企业是非常重要的。这就是所谓的"品牌定位"。但是，现代人沉浮在海量的信息中，不可能特地去记住一个新品牌的信息。因此，品牌定位的关键并不是要在客户的脑海中植入从未有过的新知识，而是改写顾客脑海中固有的印象，并将它与自己的产品结合。在这里，我以西友百货的品牌重塑作为案例，仅供大家参考。

品牌定位

■ 企业想输出的信息未必能完全进入顾客脑海中

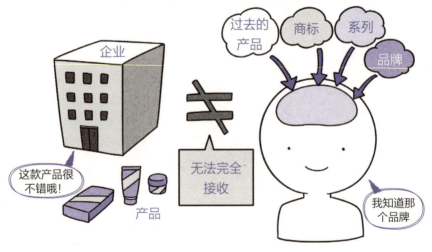

在过去，便利店和超市的<u>自有品牌</u>（即Private Brand，缩写为PB）产品都很便宜，并且品质堪忧，顾客对这类产品的印象也基本是"便宜没好货"。后来，PB产品的品质改善了很多，与生产商的产品相比也毫不逊色。但之前PB产品在顾客心中留下的坏印象太根深蒂固，要推翻可不是一件容易的事，甚至可以说是一场艰苦的战斗。在这种情况下，西友百货推出了自有品牌"全民好评"系列，声称出售的产品都是"在消费者测试中获得了70%支持率（2019年10月后提高到80%）"。随着这样的品质优势传播开来，人们对PB产品的认知变成了"好品质，放心用"，因此西友的PB品牌大受欢迎。正如这个案例所展示的，<u>品牌定位</u>并不只是要改变实际的品质，最重要的是改变顾客脑海中的认知（即"<u>感知质量</u>"），让顾客认可品牌的品质。

■ 案例：通过品牌营销改写品牌形象——西友百货

15
BRAND

用视觉展示与对手的差异点

如果企业想要清晰地了解如何发挥自己的长处，以及自己与对手的区别，可以使用名为"定位地图"的工具来做视觉化的分析。

如果想要以一种清晰的方式展示出自己的品牌和竞争对手的区别，有一种工具叫作"定位地图"。定位地图是一张视觉化的表格，以纵轴和横轴分割目标市场，将自己的品牌放置在不存在其他企业的领域，或是已经清除了竞争对手的环境下，这样企业就能看出自己的差异化优势。定位地图实际上是以视觉化的方式来展示出"顾客最重视本品牌的哪一个优点"，它能有效地帮助企业思考如何将真实存在的对手赶出自己的优势领域，并让企业明白自己到底属于领导者、挑战者还是补缺者，并据此来思考战略。

制作定位地图的方法

以视觉化的形式展示自己品牌的差异化优势

- 以视觉化的形式展示本公司的长处以及客户所重视的特点

定位地图

功能很强啊

马上就能看出这个品牌的强项和客户认可的特点

这个太厉害了

员工

使用定位地图的好处是，企业员工在企业内部说明品牌战略的时候更加清晰易懂。在制作定位地图时，企业要先预设购买这款产品的目标顾客的需求，从"功能特点""情感特点"这两个维度进行区分。功能特点就是"性能""特征""目标顾客属性"等产品方面的特点，以"强弱""大小""多少""浓淡"等来表示。而情感特点指的是目标顾客的心理因素，例如"亲切感""高级感""质朴""时尚""华丽""清爽""安全感""创新"，等等，以此来判断自己的商品处于哪个位置，并放进定位地图中。

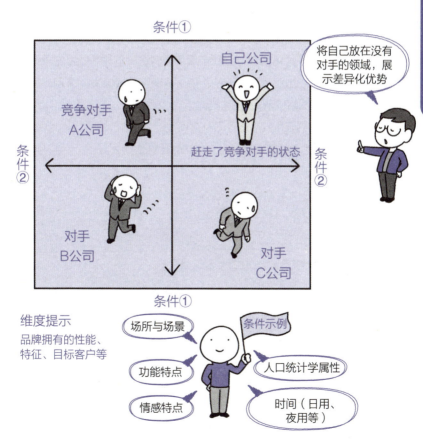

16 差异化定位中常见的错误

BRAND

画好了定位地图之后，企业却还是不能顺利推进品牌营销，这种情况时有发生。因此，在规划如何与对手形成差异化时，企业需要掌握一些小窍门。

有时企业身上会发生这样的问题：画好了定位地图后，在实际的尝试中却难以继续推进。这是因为定位地图的维度设定出现了问题，无法体现出差异化。举个例子，很多定位地图会将"品质"和"价格"作为坐标轴，但品质往往和价格成正比，所以经常会出现的结果是"高品质的产品价格昂贵""低品质的产品价格便宜"，这些是完全不能作为差异化的因素的。要想规划出真正的差异化因素，企业必须将能够发挥差异性的维度进行组合。如果产品在功能上不存在差异性，那么情感特点就会发挥作用，所以企业不妨在产品的情感价值上进行探索。

定位地图失败案例

此外，也经常有品牌会被强势品牌所牵制，逐渐失去自己的品牌特色。企业一定要坚持自己的品牌特色，构建起自己的独特性。有时候企业光顾着要赢对手，一味强调与对手产生差异，也可能会忘记自己的初心，离顾客真正期待的样子越来越远。企业绝对不能忘记那些已经成为品牌顾客的人对品牌的期待。而且，企业不能只站在企业的角度考虑自己的优点，而忘记站在顾客视角去思考，这样会让品牌定位变成企业的独角戏。还有一种常见的错误是，一些企业把竞争领域的范围划得太窄，使得领域中缺乏足够的顾客数量。没有了市场，就算有了差异化也不会产生收益。综上，企业在进行差异化定位的时候，一定不能忘记以上这些需要注意的点。

17 借助品牌重塑迈向更高的地位

BRAND

对于企业而言，还有一个庞大的课题是，如何让既有的品牌在保持现有状态的基础上不断强化？这需要企业重新审视品牌的定位，也就是"品牌重塑"。

如果产品的销量低于预期，甚至陷入低迷的时候，可以通过3C战略三角模型来掌握企业所存在的问题，从而重新构筑品牌愿景，这就是"品牌重塑"。也就是，如何让现在的品牌价值得以保持，并不断强化。比较常见的是，很多企业过去已经建立起了自己的品牌价值，但在面对市场的变化及来自对手的激烈竞争时，也要倾尽全力才能保持对需求的适配能力和成本竞争力。这也意味着，此时品牌的定位已经不再合适，需要对它重新进行评估，使品牌复活，这就是品牌重塑。

既有品牌的复活 = 品牌重塑

如果企业要进行再定位，需要注意以下两种情况。第一种情况是品牌核心吸引力的价值无法输出。遇到这种情况的企业，可以考虑会不会是以下原因，例如"吸引顾客的品牌特点和传播手法不匹配""企业内部不够重视品牌的价值"等。如果品牌已经创建了很多年，在修正定位时企业很容易忘记品牌价值的根基。企业一定要坚守应该保持的品牌价值（即传统），在此基础上进行再定位，这一点非常重要。第二种情况是，企业仅凭现有的品牌价值无法打败对手。这时，如果要从竞争品牌手中夺回顾客，必须明文标示出客户所需求的价值，在旧的价值基础上增值，从而完成品牌重塑。

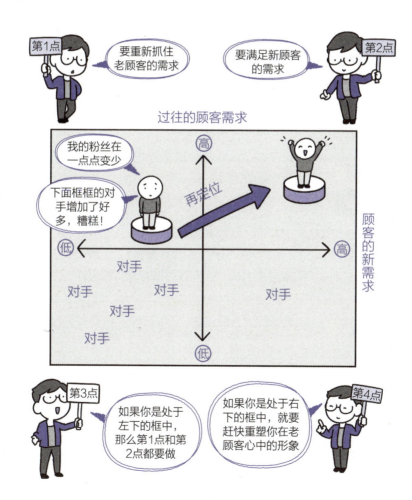

记住它们

品牌营销术语集③

☑ 关键词

品牌资源

除了员工等人力资源、产品和服务以外，与企业利益相关的所有资源的总称，包含生产产品或提供服务的设备、机器、资金等物质资源，企业所持有的顾客信息、技术、信用等无形资产以及专利、著作权、商标权等知识财产。

☑ 关键词

品牌故事

指能够传递品牌发展历程（即故事）的信息，从企业理念、产品思考、诞生背景，到如何创造顾客需要的价值等。品牌故事包含了企业理念和品牌的独特价值，其目的是寻求客户的共鸣，提升客户的理解度和满足度。

☑ 关键词

蓝海

指的是开创迄今未有的全新市场、在对手未涉足的业务领域开展业务的战略。由于没有竞争，企业可以获得较高收益。作为反义词，竞争企业众多、难以避免激烈竞争的业务领域被称为红海。

☑ 关键词

品牌占有率

指品牌对市场的渗透率。是特定的品牌市场的全体用户人群中，品牌的销售额、销售量、营业额、用户量等数值占总体比例的指标。品牌占有率常以数字的形式出现，用于呈现品牌的市场构造和竞争状态。

☑ 关键词

自有品牌（PB）

指原本不参与产品开发、生产的行业中的企业独立开发的商品。它与广为人知、全国各处都能购买的国民品牌是反义词。

☑ 关键词

定位地图

一种基于市场，明确本公司与品牌的竞争优势，把握与其他公司的差异化和关联性，从而推导出本公司产品优势的可视化方法。使用该方法能够帮助企业有效找出产品和品牌的优势，从而帮助企业更好地吸引目标顾客。

LOGO

DESIGN

VALUE

TRUST

IDENTITY

第 **4** 章

构建品牌特色的方法

想要成为顾客的选择，企业就必须要具备自己的品牌特色。目标顾客的需求到底是什么，以什么样的方式才能走进他们的心里？如果你想要解决这些问题，就来学习如何打造品牌特色吧。

了解目标顾客为何需要你

成功的企业非常了解自己能为客户提供的价值，而且知道怎么做就能在市场上胜出。品牌营销的目的就是不断提升品牌价值，并且一直传递给顾客。

所谓"品牌价值"，简单来说就是品牌独有的特征，这些特征能够让顾客在不知不觉中被吸引，觉得"好想买这个东西啊"。不过，很多时候企业自以为他们的产品或服务非常有价值，但顾客想要的却是另外一种产品，两者之间隔着巨大的鸿沟。就像电视机的遥控器，上面有很多按钮，但顾客真正会用到的按钮只有几个，甚至很多人会觉得"这些按钮有存在的必要吗"。话虽如此，即便企业真的知道顾客想要什么，也未必能做出让他们满意的产品。

找到企业的顾客价值

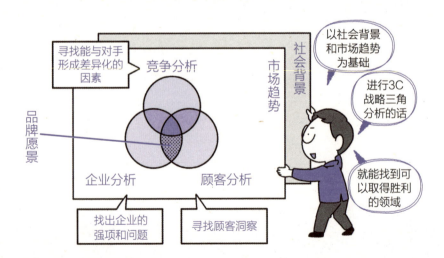

正因如此，企业必须针对企业自身、顾客和竞争者进行分析。首先，企业要通过"企业分析""竞争分析"和"顾客分析"，分别找到自己公司的强项与问题、能够与竞争对手形成差异化的因素以及顾客洞察。然后，将人无我有的品牌优势与顾客需求重叠，得出重叠的部分。这部分空间就是不存在竞争的绝对胜利领域，企业可以将它作为"品牌愿景（品牌的顾客价值）"。成功的品牌对于顾客价值是非常明确的。以SEVEN&I集团的自有品牌"Seven Premium"为例，它针对人们心中"自有品牌＝质量差"的旧印象，以独特的简洁设计风格为产品创造出高级感，从而大获成功。像这样明确自己对顾客的价值，从而提升品牌价值，是非常关键的。

■ Seven Premium的目标

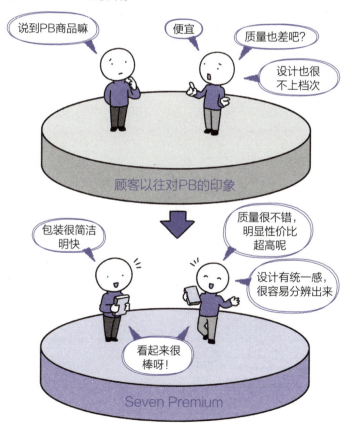

2
BRAND

拟定品牌愿景时需要注意的问题

企业在决定品牌愿景的时候，有一些问题是需要注意的。企业必须对这些问题进行郑重的内部讨论，才能为顾客提供其他企业所没有的价值。

企业要拟定品牌愿景，就要思考用什么样的战略才能解决品牌当下所面临的问题，在这种情况下，企业一定要明确品牌的顾客价值。在决定品牌愿景时，以下4点是必须要注意的。

①品牌愿景是否展示出了本公司的强项与个性？只有真正发挥出本公司的长处的时候，品牌才会散发光芒。如果是把竞争对手作为目标的话，就永远无法超越对方。企业可以在内部进行讨论，找出自己品牌独有的能吸引顾客的品牌个性，以此作为品牌愿景。

拟定品牌愿景

②对于顾客而言，品牌愿景是有价值的吗？顾客需要的其实并不是产品本身，而是在购买产品之后，会获得什么样的体验和利益。顾客能否从品牌处获得顾客利益，这也是企业在拟定品牌愿景时必须要考虑到的问题。

③品牌愿景容易理解吗？员工和顾客都能感同身受吗？品牌愿景要成为企业内通用的关键词，一定要尽可能简洁。容易理解且引发共情的东西，就是通往成功的捷径。

④品牌愿景的表述是不是人们司空见惯的呢？在表达品牌愿景的时候，如果企业是用"安心""安全""信赖""平价""品质"等普通的词汇去表述，而且竞争对手也经常使用这些关键词的话，那么品牌愿景就会失去辨识度。如果企业要展示出其他企业所没有的价值，关键词的选择也是非常重要的。

■ 拟定愿景时需要注意的几个要点

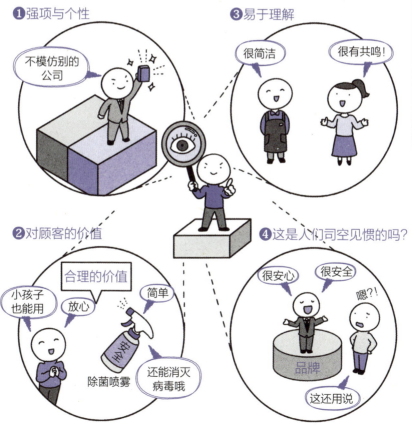

3

BRAND

了解品牌的顾客利益是什么

顾客在购买和使用物品的时候，会获得看不见的"利益"。这就是"顾客利益"，也是影响品牌价值的一个重要因素。

应该有不少销售人员会觉得，自己的工作成果就是向顾客卖出商品并获得利益。但其实，对顾客而言，他们购买了产品，然后在使用和体验中也收获了看不见的"利益"。这个利益可能是商品的功能，也可能是通过购买行为产生的快乐，这些都是"顾客利益"。顾客利益包括"功能利益""情感利益"和"自我表达利益"三种。

情感利益和自我表达利益

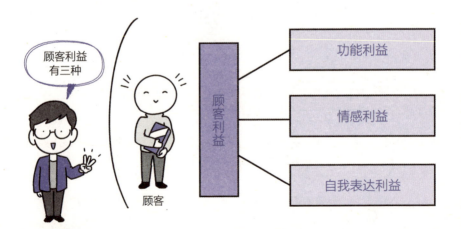

功能利益指的是商品和服务功能上的特征、规格，以及顾客通过它们能获得的增益，例如"快速""轻巧""结实""方便""清洁力强"等，大多数功能利益是可以用数值来呈现的。接下来是情感利益，它指的是顾客在使用或体验商品和服务的时候所获得的积极的情感状态，例如"帅气""快乐""期待""高级感""安定感"等，主要是指情感层面的利益。而自我表达利益则是指顾客在使用、体验该商品和服务时所获得的自我表现、自我实现的感觉。在功能价值的层面上，如果企业没有非常优秀的技术，是无法保持竞争优势的，因此，产品能否为顾客带来情感价值对于市场竞争也是非常重要的。

顾客利益的3种类型

功能利益	情感利益	自我表达利益
商品和服务功能上的特征、规格，以及顾客通过它们能获得的利益	顾客在使用或体验商品和服务时获得的积极情感	顾客在使用该商品和服务时所获得的自我表现、自我实现的感觉
<例> 英特尔 → 高性能处理器 洁霸 → 清洁力强	<例> 无印良品 → 简约、精致	<例> 星巴克 → 都市化的、优雅的 苹果 → 有创造力

重要的是产品能否提供情感利益

感动会让品牌与顾客紧密相连

两种价值判断方式

BRAND

即使品牌的价值正符合顾客的需求，但如果顾客感受不到，也就不会购买。如何才能更好地向顾客传达品牌价值，这也是企业需要思考的。

　　在相似的产品、服务中进行选择时，功能价值和情感价值都在顾客的考量中，也都会左右他们的判断。不过，这两者哪一个的优先级更高？这个问题并没有正确答案，因为它取决于正面临着选择的顾客是什么样的人。一般来说，常用理性思考的左脑型人群重视功能价值，而多以感性思考的右脑型人群认为产品给人的印象更重要。如果企业的商品和服务已经确定了目标顾客群体，也就能进一步推测产品所面向的人群是左脑型还是右脑型，应该针对他们提供什么样的品牌体验。

价值判断的2种主要方式

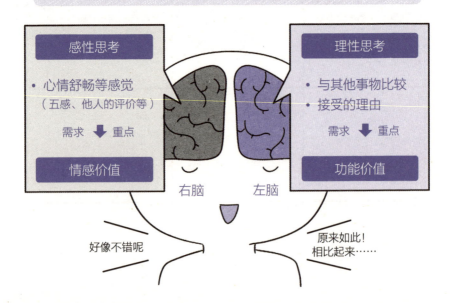

如果要为理性的左脑型顾客提供合适的品牌体验，就要考虑到在理性思考模式中会出现的决策点，以此来吸引他们。例如，企业可以通过将产品与其他品牌对比，展示出产品性能的优异之处，或者突出其制作上的精益求精等，这样宣传效果会更好。还有，这类顾客会收集大量的产品相关信息，自行参考比对，所以企业也需要以丰富的文字信息来充分地阐述产品。另一方面，对于感性的右脑型顾客而言，产品在他们心里留下的印象越好，他们的购买动机越强烈。让产品"看起来不错"的营销方法比较适合这类型的顾客，可以是有趣的广告，或者让他们喜欢的明星代言产品，等等。产品和服务的类型不同，对应的顾客类型也不同，品牌策略的制定也需要有针对性地转变才行。

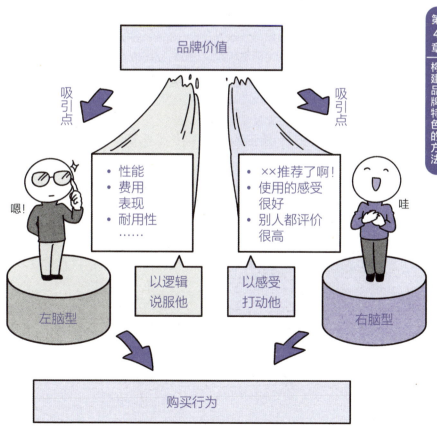

5

BRAND

以证据支持品牌战略

品牌要展示出自己的价值，最清晰易懂的方式就是实事求是地摆出证据。不过，什么才是所谓的证据呢？

企业如果想要与对手形成差异化，让顾客感知到品牌价值，最简单的方法就是拿出证据来，让顾客一眼就能看出本品牌与其他的产品、服务之间的差别。如果这是该品牌独有的特征，顾客也更容易被说服。从产品材料、制作工艺等硬实力，到研发概念、供应速度、服务的全面性等软实力，企业在这些方面拥有自己的强项的话，当然是最理想的情况，但如果能得到权威人士的推荐，也能够帮助企业提升品牌价值。例如，医疗器械品牌获得了国家级认证，也可以说是该品牌独有的特征。

表达差异化的方式很重要

这里所说的特征，可以是比竞品出色的优点，也可以是人无我有的独创性特点。只要消费者能够理解该特征，就可以使用。如果产品特征和竞品相同，例如最大的优势都是在功能上，这种情况比较简单，只需表明自己的产品和竞品的差距即可。而如果想表明的是竞品所缺乏的独创性特征，也可以选择使用上述方式，这时企业无须强调自己产品的先进性。产品概念、加工工艺等方面也是可以突出独创性的。需要注意的是，如果这些特征对于顾客来说比较难懂，企业就需要利用宣传文案等进行提炼，来更好地表达出这些特征的价值。例如，如果企业只是把一大串尖端技术列出来，顾客根本无法理解这些技术有多厉害，但如果企业说"我们采用了很多技术让产品能持续使用20年"，顾客就很容易理解这些技术有多优秀。

6 拥有品牌特色才能吸引目标

BRAND

"品牌个性"是品牌特色的一部分，也可以说是品牌的性格。如果没有它，品牌就会变得乏善可陈。

有些人非常平淡，别人甚至记不住他的样貌和名字，相反，也有的人个性极其突出，让人一见难忘。同样地，品牌也拥有自己的个性，这份个性通常被称为"品牌个性"。"品牌个性"的含义与"品牌的性格"类似。有一些品牌的个性已经为人们所熟知，像是丰田的"诚实、可靠"，星巴克的"都市化、品味感"等。

品牌个性

品牌个性
（品牌的性格）

个性突出

太有个性了

冲击力太强
难以忘记！

个性突出才更
让人印象深刻

品牌的个性 ＝ 品牌个性

正如人们无法模仿他人的个性，一个品牌要模仿强势品牌的个性也是难于登天的。强大的品牌无一例外都建立起了独特的个性，和竞争对手形成明显的差异。反过来说，如果一家企业的品牌缺乏个性的话，在顾客的眼中这就是一个平平无奇的品牌。当你烦恼于自己的品牌难以做出特色时，不妨从客户的角度进行分析，这也是一个有效的方法。例如，主打"低价"的品牌可以将特点从"低价品牌"转化为"考虑地球环境、减少浪费的品牌"，以此进行推广，不仅能打动认可低价的顾客群体，也会让关注环保的人们成为核心目标顾客。

品牌个性

↓

希望顾客感知到什么样的特色和形象呢？

[例]

品牌名称	品牌个性
丰田	诚实 可靠
雷克萨斯	成功人士
星巴克	都市化、 品味感

强势品牌都有稳定的个性

主打低价的品牌示例

超级便宜 ➡ 存在其他竞争对手

＋

对地球环境友好

↓

这个品牌很棒啊

省钱一族　购物达人　环保人士

品牌特色的4个要素

BRAND

品牌战略要想成功，离不开品牌愿景。为了实现品牌愿景，企业可以用"四象限模型"来进行管理，这是非常有效的方法。

顾客感知到的所有品牌体验都是通过品牌与顾客的接触点，如果顾客的体验不佳的话，品牌的价值也就无法提升。为了能提供恰当的品牌体验，Interbrand公司提出了一种有效的管理方法，正是他们独创的"四象限模型"。这个模型以品牌愿景为中心，将所有接触点分为"产品与服务""空间、环境与渠道""人与行为""沟通传播"这4个板块，针对每个板块的接触点分别进行评估，确认企业是否恰当地反映出品牌的思想。

Interbrand公司的四象限模型

提供怎样的产品和服务更好呢？

它们又是什么性质的呢？

面向的人群是谁？员工需要具备什么素质？

在这4个象限中，对每个接触点进行确认

产品与服务

人与行为

品牌愿景

希望顾客如何看待品牌、感知品牌

品牌希望传递的信息是什么？

空间、环境与渠道

沟通传播

在"产品与服务"板块中，企业需要确认品牌提供什么种类的产品/服务，其性质是什么等信息。而在"空间、环境与渠道"板块，企业需要把关注点放在空间与环境所营造的感觉上，调查顾客置身其中的舒适度。至于"人与行为"板块，企业就要检查员工是否具备必要的技能和素质，是否遵从品牌的行为要求等。在最后的板块"沟通传播"中，企业需要检查品牌需要传递的信息、渠道、发布方式等关键点。针对这4个板块来检验品牌体验的执行情况，并进行适当地改善，品牌就能越来越接近自己的愿景。

■ 四象限模型（示例：星巴克）

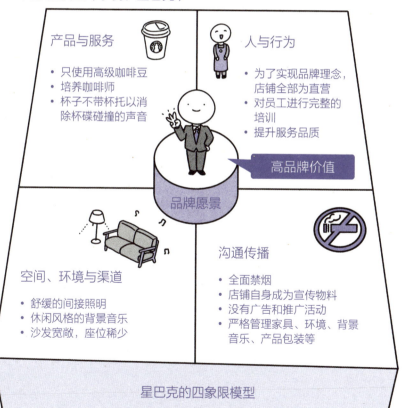

产品与服务
· 只使用高级咖啡豆
· 培养咖啡师
· 杯子不带杯托以消除杯碟碰撞的声音

人与行为
· 为了实现品牌理念，店铺全部为直营
· 对员工进行完整的培训
· 提升服务品质

高品牌价值

品牌愿景

空间、环境与渠道
· 舒缓的间接照明
· 休闲风格的背景音乐
· 沙发宽敞，座位稀少

沟通传播
· 全面禁烟
· 店铺自身成为宣传物料
· 没有广告和推广活动
· 严格管理家具、环境、背景音乐、产品包装等

星巴克的四象限模型

8
BRAND
运用视觉和语言元素构建品牌特色

有了品牌元素，品牌特色才能形成具体的印象。品牌元素包括视觉元素和语言元素，它们共同呈现出了品牌的世界观。

如果想让目标顾客对品牌的理解与企业所期望的形象一致，企业首先要将构成品牌的基本元素具象化，包括商标、品牌名称等，它们被称为"品牌元素"。品牌元素包括商标、产品包装设计等视觉型元素，以及品牌名称、品牌主张等语言型元素。另外，还有声音、气味等吸引其他感官的元素，以不同的元素将品牌的特色准确地表现出来，就能够构建出品牌的形象。

品牌元素是什么？

商标、颜色等　设计元素　视觉方面　语言方面　语言文字　品牌信息等

品牌元素 = 表现品牌的元素

在品牌营销中，品牌的表现需要统一，而"基调与手法"为品牌的统一感提供了规则。"基调与手法"体现了品牌的世界观，它为品牌广告、宣传物料等的设计表现和理论依据打下基础，能够让品牌与设计公司、广告代理商达成共识。例如，假设某个品牌主打的特色是简洁的感觉，却在广告中使用花哨的荧光色，就会让顾客感到很不协调，使用素雅的颜色明显更合适。在这里必须注意的是，如果只有品牌方一厢情愿地输出，品牌特色就不算打造成功。只有品牌特色被作为受众的顾客感知到了，品牌特色才算成立，是否能够把品牌特色打进顾客心里，这非常考验品牌的判断力。

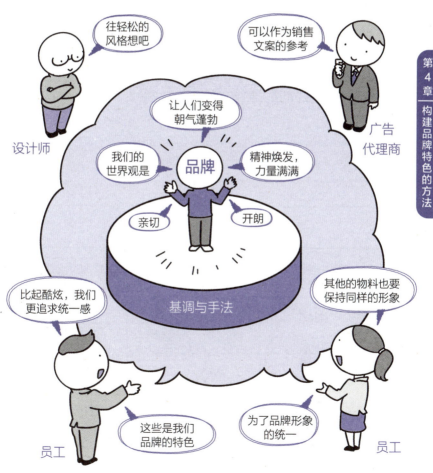

9

BRAND

为何品牌商标是重中之重

商标既是品牌符号，也是品牌的门面。如果想要设计出个性化的商标，在目标顾客脑海中留下深刻的印象，那么有几点是需要注意的。

设计元素让品牌愿景得以视觉化呈现，而为了保持品牌的统一感，企业将所有设计元素集合成为一套体系，这被称为视觉识别（visual identity，即VI）。VI元素包括品牌的商标、颜色、店铺陈设、商品包装、官网设计等。其中，商标是品牌符号，或者应该说商标是品牌的门面。在制作商标的时候，必须了解商标的形式、制作技巧等，也要对标品牌战略来确定品牌的特色，再落实到具体的设计方案之中。

品牌商标（符号）的设计方式

只使用图标

图标+文字

只使用文字

Canon

IBM

crocs™

JAL

为了让更多人记住品牌，商标的设计非常重要

在这里列举的3种形式都是常规的方法

商标能让人对品牌特色一目了然。因此，企业在商标设计上一定要突出个性、有亮点，这样才能与竞争对手形成明显的差异。在设计商标时，企业需要注意以下具体的细节。①商标要体现出企业的思想。商标必须表现出品牌的核心思想，包括品牌精髓、品牌特征、顾客价值等。②商标要使用便于记忆的文字。如果商标上只包含图标，要让别人记住品牌是一件很困难的事。因此，商标的文字要尽量一看就懂，朗朗上口。③商标设计时要考虑实际的应用场景。在做商标设计时，要考虑到当它呈现在店铺、商品包装、官网上会是什么样的效果。④避免使用过于大众化的设计。

■ 设计商标的注意事项

体现出企业的思想

例 永旺集团（Aeon）

ÆON

品牌名称取自拉丁语，含义为"永远"，商标以回旋的设计体现这个理念

使用便于记忆的文字

例 索尼（Sony）

SONY

人们都能看懂的文字

既富含创意，又易于理解

要设计出引以为豪的商标

考虑实际的应用场景

太小了　看不清啊！

避免过于大众化的设计

和那个品牌也太像了吧！

这种失败通常因为太拘泥于形式而不考虑实用性

在公开发布前一定要仔细确认

品牌色：利用色彩印象

主题色是表达品牌形象时重要的视觉元素。在主题色的选择上，要采取与品牌精髓、顾客价值、品牌理念等相符的颜色。

BRAND

在打造品牌时，颜色（即主题色）是非常重要的元素。这是因为，相较于文字，人类更容易因为颜色作出判断。举一个简单的例子，比如橙、绿和红三种颜色的线条，如果是在大街上看到这个颜色组合的话，很多人会第一时间联想到"7-Eleven"。除此之外，还有很多品牌是通过颜色来唤起人们脑海中的品牌印象，例如红色的可口可乐、绿色的星巴克，等等。品牌色大部分都是品牌符号的基础色，如果能合理地应用起来，就能发挥很好的效果。

如何选择品牌色

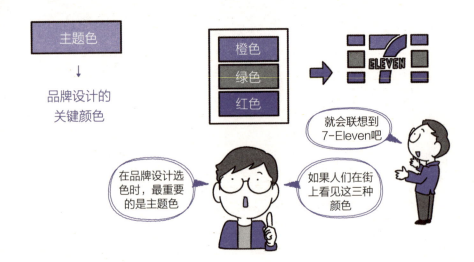

借助颜色来唤起品牌联想，本质上是通过主题色的选择，让顾客更容易记住品牌，加深对品牌的印象。每种颜色都有自己的关联词。颜色在人们心中的印象也是多种多样的，红色代表热情、兴奋、炽热、激烈、燃烧，黄色代表明朗、跃动、晴朗、前进，绿色代表清爽、年轻、新鲜、平和，蓝色代表寂静、清凉、开放性、洁净，紫色代表高贵、优雅、艳丽，等等。很多品牌在选择品牌色时，都会利用色彩印象，例如主打低价的品牌倾向于使用红色和黄色，而高级品牌则使用金色、银色、黑色等暗调色系。品牌可以选择一至两种颜色作为主题色，只要颜色符合自己的理念就可以了。

品牌色的元素

■ 颜色的印象与标志颜色案例

颜色	印象		例子
红色	热情　激烈 兴奋　炽热		日本航空、可口可乐、NTT DoCoMo、丰田、乐天
紫色	高贵　优雅		安娜苏（ANNA SUI）、雅马哈
黄色	明朗　跃动 晴朗　前进		麦当劳、软银、雅玛多物流
绿色	清爽　年轻 新鲜　平和		三井住友银行、星巴克、Line
蓝色	寂静　清凉 开放性　洁净		全日空航空、朝日啤酒、英特尔

请参考这些色彩印象来选择你的品牌色吧

视觉型品牌元素重在统一

品牌的主视觉、视觉形象等是通过视觉设计使品牌愿景具象化，并以统一的感觉表现出来，从而让品牌的特色成为看得见的东西。

在企业向顾客传递品牌特色的过程中，除了商标、颜色，还有很多视觉型品牌元素起到了重要的作用，其中较为有代表性的是配色。在制作广告等宣传物料时，只使用单一的主题色来呈现宣传物料是很困难的，所以在品牌色的基础上还需要追加几种颜色。如果在不同的广告物料上随便乱用颜色，那么在顾客看来，这个品牌缺乏统一感，自然更感受不到它的品牌特色。因此，为了避免在不同广告物料上的品牌视觉出现偏差，企业必须制定自己的品牌色卡（配色方案）。

其他视觉型品牌元素

品牌色卡

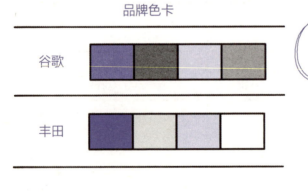

谷歌

丰田

在主题色的基础上追加几种颜色，但注意不能出现偏差

除此之外，象征着品牌形象的摄影、角色、平面设计等都是非常重要的视觉型元素。以上元素都可以称为"主视觉"，它们与品牌商标组合在一起，在顾客眼前反复出现，从而逐渐加固顾客脑海中的品牌形象。当然，即使不是作为主视觉，摄影也会对品牌形象产生极大的影响。视觉形象会应用在各种各样的接触点上，所以调和视觉型元素的颜色、调性等，打造出一致的感觉，这是非常重要的。为统一视觉型元素而制定的相关规则就是"设计系统"。要保护品牌的特色，关键是规定好品牌视觉的表现方式，才能准确地传达品牌愿景。

■ 主视觉

　　摄影、角色、平面设计等
　　将品牌想要传达的内容
　　浓缩到一张图片、一则信息中

主视觉的案例

■ 视觉形象

　　在各种各样的接触点中使用的
　　视觉形象

视觉形象的案例

■ 设计系统

　　为了准确传达品牌愿景
　　而规定视觉的表达方式

品牌统一感的
营造非常重要

设计系统的案例

12
BRAND

要将品牌愿景植入品牌名称

　　语言识别也是品牌形象的影响因素之一，其中品牌名称的影响力特别巨大。要让顾客快速记住品牌，重要的是起一个便于理解的名字。

　　在表达品牌特色的元素中，我们通常以"语言识别"来表示语言型元素，语言型品牌元素与视觉型元素同样重要。因此，品牌的语言表达也必须具备统一感。其中，"品牌名称"对品牌形象有着重大的影响。品牌名称之于语言型元素，就像商标之于视觉型元素，商标强调易读易懂，品牌名称也同样需要让顾客瞬间理解其含义。为了让目标顾客能够快速记住品牌名称，在他们的脑海中植入品牌形象，品牌名称需要慎重地选择措辞。如果想要设计出简单易懂的品牌名称，可以参考以下4种模式。

品牌名称的模式

❶固有名词或生造词
使用单义词、固有名词等单词汇进行表达

一个单义词
- Apple（苹果）
- Windows（视窗）

地名和姓名
- 札幌（SAPPORO）
- 迪奥（Dior）
- 丰田（TOYOTA）
- 松本清　特斯拉

拟声
- 百奇（Pocky）

这是在模仿细棒被折断的声音

单词自身具有意义　　利用名字等固有名词让品牌名称拥有含义

模式①以固有名词、生造词等单词汇表达。只用一个词来体现品牌含义，例如"Apple"这类单义词，以及其他固有名词、生造词等。也有品牌会以"札幌（SAPPORO）""松本清"等地名类固有名词来命名。模式②词汇的组合。例如"优衣库（UNIQLO = unique + clothing）"就是以有意义的词汇组合而成。模式③首字母缩写。例如"亚瑟士（ASICS）"，其品牌名称是拉丁语格言"Anima Sana In Corpore Sano"（健全的精神寓于强健的体魄）的首字母缩写。模式④以字谜游戏（anagram）命名，改变文字顺序，或者把词汇反过来读等。此外，还有一种方式是直接以顾客的利益点作为品牌名称。

合二为一

❷词汇的组合
可以是有意义的单词组合，或者是固有名词和生造词的组合

优衣库UNIQLO –"unique"+"clothing"
辣么超 –"辣"+ 西班牙语"MUCHO"（很多）

❸首字母缩写（字首组合成词）

ASICS
拉丁语"Anima Sana In Corpore Sano"

DHC
Daigaku Honyaku Center
（大学翻译中心）

取各个单词的
首字母

❹改变文字顺序，或者把词汇反过来读
（字谜游戏造词）

札幌冈萨多（Consadole Sapporo）足球
俱乐部
日语"道产子（Do-sa-n-ko）"的反写
Consado + 拉丁语的"-ole"→
Consadole

除此之外，还
有对话形式的
"来，上茶"等
各种命名方法

13 BRAND

品牌命名的常见误区

品牌名称就像人的姓名一样重要，不能轻易更改。在为品牌命名的时候，不妨先参考一下失败案例，避开那些常见的错误吧。

在决定品牌名称时，以下几点是需要注意的。提示①避免使用常规的名字。起一个好记的品牌名称固然重要，但如果名字比较常见，很容易与其他品牌混淆，反而可能会起反作用。再者，过于简单的品牌名称有可能已经被其他公司注册为商标或品牌名称。纵观全球的话，的确存在像"苹果（Apple）"那样看起来很普通的品牌名称，但"苹果（Apple）"拥有雄厚的资本力量，可以用大量的广告来占领顾客的认知，把自己变得独一无二。模仿这样的品牌并不是什么好办法。

品牌命名的注意事项

❶名字太常规

搜索关键词时
品牌的排名靠后

❷名字读不出来

提示②不要使用难读的品牌名称。如果顾客不能立刻读出你的品牌，那就更不可能记住它。以英文字母命名也是一样，不能让顾客感到"这个品牌不知道怎么读""它的发音太难了"。提示③品牌名称不能与竞品相似。如果品牌名字看起来像其他公司的仿品，就难以获得顾客的信任。提示④名字要符合外国人的发音习惯。如今网络非常发达，如果是用英文字母书写品牌名称，就要以外国人也能读出来的方式来呈现，像是马自达的"MAZDA"。提示⑤名字可在国外通用。如果企业考虑在海外扩张业务，品牌名称就要选择当地人听起来有正面感觉的词汇。提示⑥避开过于泛滥或受潮流影响的词汇。以猎奇来吸引人的名字很快就会过时，因此要尽量避免这类词汇。

❸名字与竞品相似

Appre

这不是山寨吗？

怎么样

❹外国人能否读出来

MATSUDA

⬇

MAZDA

这个词怎么读呢？

外国人

这样我就会读啦

❺能否在国外通用

可尔必思
Cow Piss
（牛尿）

⬇

CALPICO
（仅用于美国、加拿大、印度尼西亚）

No!

❻泛滥的流行词

• 被流行牵着走的东西
• 多媒体

都过时啦

顾客

14

品牌腔调反复无常
顾客无所适从

BRAND

一个品牌如果在各个接触点中反口复舌，是很难获取顾客的信任的。企业要统一品牌表达的调性与方式，也就是统一"沟通腔调"，才能更好地传达出品牌特色。

语言型的品牌元素需要注意"沟通腔调"，即使用语言文字来表现品牌时，品牌的口吻和说话方式要统一，使品牌所传达出来的形象保持一致。将品牌当作一个人物来看待的话，这一点就很好理解了，如果一个人每次对顾客说话的口吻都不一样，顾客会觉得很混乱，怀疑这是不是同一个人。因此，品牌所有对外的语言和口吻都要整齐划一，让顾客对品牌保持统一的印象，这是非常重要的。品牌不仅在视觉展示上需要规则，语言表达也同样需要规则。

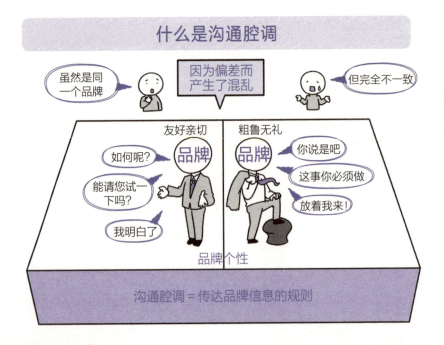

什么是沟通腔调

虽然是同一个品牌

因为偏差而产生了混乱

但完全不一致

友好亲切　　　　粗鲁无礼

如何呢？　品牌

品牌　你说是吧

能请您试一下吗？

这事你必须做

我明白了

放着我来！

品牌个性

沟通腔调＝传达品牌信息的规则

所谓"沟通腔调",指的是企业为保证品牌特色而选择的语言表达方式,"沟通腔调"的重点简单地概括就是:说得易懂、说得具体、说得谨慎。之所以要制定这样的标准,是因为品牌在与顾客的沟通中经常会发生以下问题,例如一些品牌想向在场的人宣传品牌特色,于是销售人员非常起劲地展示产品性能,把很多专业特征都事无巨细地罗列出来;或者反过来,为了突出产品的情感价值,在沟通时语焉不详,缺乏产品细节;还有些企业沟通时没有站在顾客的角度,让顾客觉得很不友好。有了"沟通腔调"作为标准,企业就能够避免过分沟通、沟通不足或态度不善等问题,也能防止不同的接触点和工作人员出现不同的说话方式。

15 BRAND

信息发布保持一致
防止混乱

进行品牌营销时，企业在所有方面须保持高度一致。而维护语言方面的整合性和一致性的体系，便是"信息系统"。

品牌营销中，企业在所有方面须保持高度一致。"沟通腔调"规定了品牌应该怎么说话，也就是品牌的口吻，而"信息系统"则是系统性地总结了品牌应该说什么。信息系统能够让品牌信息在各种各样的接触点上保持整合性和一致性，可以说是信息的指南。如果品牌输出的信息前言不搭后语，甚至连最基本的整合都没有，顾客会认为品牌管理混乱而失去对品牌的信任。因此，为了防止发生以上的情况，一份信息指南是非常必要的。

品牌信息要保持一致

之前说的是○○不过现在嘛

和上次说的不一样

我才不相信你

○○××品牌

品牌

顾客

品牌信息失去了一致性，品牌的信用也会荡然无存。为了在企业内外都能准确地传达出品牌愿景，信息系统中明确地规定了品牌信息的传播对象、经过的接触点、传播内容以及如何传播。信息系统集成了所有能够有效表达品牌的文字信息，无论通过哪个接触点进行传播，例如展会、各个店铺、品牌方的言论、广告、报道、网页、社交媒体等，所有的受众（即包括顾客在内的利害相关方）所接收到的内容都能保持一致。很多人在进行品牌营销时很容易漏掉信息系统，但始终如一的品牌才会收获信任，所以信息系统是不可或缺的。

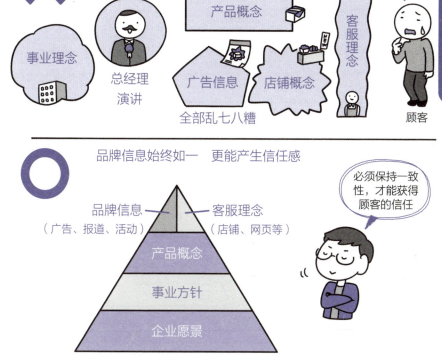

16
BRAND

宣传标语和品牌愿景须言简意赅

"宣传标语"和"品牌主张"需要以精简的文字呈现出品牌愿景。它们都是展示出品牌的目标指向的重要元素。

在语言型的品牌元素中，"宣传标语"的重要性仅次于品牌名称。宣传标语就是品牌的口号，也就是用一句话来表达品牌的愿景。品牌的宣传标语和广告语不同，这句口号所体现的是品牌以何为目标，期待向客户提供什么，是需要长期使用的。外国品牌中有很多知名的宣传标语，像是耐克（Nike）的"Just do it"、苹果（Apple）的"Think different"等。制作宣传标语的重点是要以短小的广告语来表现出品牌存在的意义以及品牌希望向顾客传达的想法。

宣传标语和品牌主张

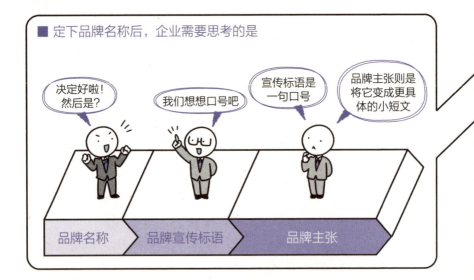

■ 定下品牌名称后，企业需要思考的是

决定好啦！然后是？

我们想想口号吧

宣传标语是一句口号

品牌主张则是将它变成更具体的小短文

品牌名称 → 品牌宣传标语 → 品牌主张

随着传播，宣传标语也会拥有类似商标等品牌符号的功能。在很多知名品牌的广告以及其他推广物料中，商标下方都会出现品牌的宣传标语。而同样作为品牌的语言型元素的"品牌主张"，则是以简洁的文章来表达品牌所提出的理念和愿景。品牌主张比宣传标语更为具体，它可以说是一份契约宣言，向顾客承诺"我们是什么样的品牌，要为顾客提供怎样的价值"。而由于品牌主张详细描述了品牌愿景，故而也拥有让企业内外达成共识的效果。

17 视觉和语言以外的品牌元素

BRAND

除了视觉和语言以外，还有以触达五感来吸引顾客的品牌元素，例如声音、气味、味道、触感等，企业可以从中选择和品牌理念相吻合的元素。

品牌形象是顾客根据所获得的品牌体验建立起来的，而品牌体验又是在各式各样的品牌接触点中通过五感来触达顾客。因此，除了视觉元素之外，品牌也可以通过声音（听觉）、气味（嗅觉）、味道（味觉）、触感（触觉）等信息来吸引顾客、强化品牌力。也许你有过这样的经验，在听到某个广告的旋律时，瞬间就会在脑海中浮现出相关的品牌，或是联想到特定的产品。听觉刺激不仅限于音乐，例如哈雷·戴维森（Harley-Davidson）摩托车拥有独特的引擎声，会让听到的人立刻联想到这款摩托车。

触动五感的品牌形象

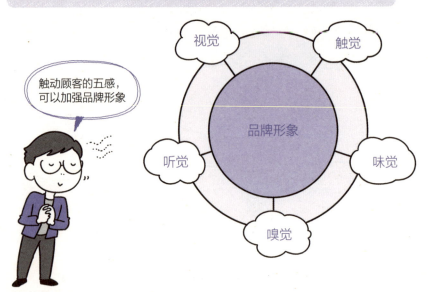

触动顾客的五感，可以加强品牌形象

视觉　触觉

品牌形象

听觉　味觉

嗅觉

有的品牌是从嗅觉出发，以香味或味道来进行品牌营销。在美国，商标权中有"气味商标"这一种类，因为对于香奈儿、迪奥等品牌而言，香味就等于品牌本身。可口可乐的瓶身形状常被认为是其品牌价值之一，但其实"味道"也是它进行品牌营销的武器，因为它拥有"无法模仿的味道"。可口可乐发生过一个重大事件，就是可口可乐公司曾经试图改变产品的口味，但立刻遭遇大规模的顾客流失，于是只能马上恢复原味。此外，触感也是一种能让顾客产生品牌联想的元素，例如麒麟（KIRIN）旗下的"冰结"啤酒模仿了结冰的样子，将罐子表面设计得凹凸不平。无论使用哪种元素，关键在于它是否符合品牌的风格、是否匹配品牌的概念。

■ 声音、音乐
• 仅听声音就能联想到品牌

啊，是麦当劳

哈，这个旋律！

广告的旋律

突突

哈雷摩托的引擎声

■ 香味、气味
• 雅致感
• 高贵的香气

香奈儿

■ 外形、形状
• 特殊造型让人一眼就能分辨出品牌

养乐多

■ 味道
• 别人无法模仿的味道

可口可乐

■ 触感
• 模仿冰块表面的形象

麒麟·冰结

18

BRAND

如何选择广告作品的设计师

在为演绎品牌特色而创作广告作品（物料）时，选择一位合适的设计师是非常重要的。所以我们也需要了解，在选择设计师时，必须从哪些角度来进行评估。

在创作各类广告物料时，与企业外部的专业人员的合作是非常重要的，尤其是品牌商标等视觉符号的设计，因为它们会成为后续品牌营销的核心部分。这些都需要由专业设计师来制作。品牌与设计师的合作有几种形式。大致上分为"指定"和"竞标"两类，从中又可以进一步细分出很多选项，例如指定的设计师是企业内部人员还是外部人员，指定的外部人员来自国内还是国外，等等。

设计师是共创的伙伴

详细传达企业的品牌理念

告知广告物料的使用目的

让设计师了解品牌愿景

品牌负责人

原来如此

设计师

视觉负责人

商标和视觉形象

要避免过于详细地指导如何设计哦

品牌理念

在选择设计师时，有的企业会选择那些服务过各行各业的设计师，希望他能给品牌带来崭新的切入点；也有企业更重视专业性，优先选择具备本行业和产品相关的专业知识的设计师。值得注意的是，如果设计师产出的作品很少，或是之前没有和企业合作过，那么该设计师的品牌理解度可能并不高，因此是有风险的。另一方面，如果采用竞标的形式，公开竞标的成本高，且作品质量参差不齐，所以企业一般更倾向于选择指定的企业参与竞标。近年来还有企业会在竞标中增加海外设计师，但人选非常重要。无论是什么样的形式，企业应该先确认自己的期望，例如更重视设计师的品牌理解度，还是设计师具备能为品牌找到新切入点的创造力，从而调整设计师的选择方式。

■ 应该告知设计师的事项

记住它们

品牌营销术语集④

☑ 关键词

自我表达利益

指的是品牌作为顾客实现自我风格和价值观的方式，因此使顾客感知到了品牌价值。又或者是顾客在使用某个品牌和服务后满足了自我表现和自我实现的需求，例如感觉到自己的阶层提升了。

☑ 关键词

利害相关方

所有会受到企业活动影响的利害关系者。从有金钱利害关系的顾客、股东，到集团企业、员工、客户、金融机构、当地居民、行政机关等都属于利害相关方。进一步来说，利害相关方不仅是指存在利害关系的人，因为竞争产生利益或损失的竞争对手也包含在内。

☑ 关键词

宣传标语

指表达出企业及品牌的概念、理念、商品、服务的简短语句。它能够体现出品牌在功能方面和情绪方面的优点以及企业的品牌愿景。与时常变化的广告语不同，宣传标语表达的是企业的长期价值。

☑ 关键词

接触点

指企业、品牌与顾客进行接触的所有节点。不仅限于店铺，还包括了企业所发布的广告，网络舆论，社交媒体的文章等。为了让企业和品牌的认知度提升，企业经营活动的第一步通常是增加接触点。

第5章

品牌特色的持续成长

奠定了品牌特色之后，企业也不是从此高枕无忧。品牌的表现一旦有所动摇，就无法再体现出品牌特色，进而导致顾客流失。要保持品牌特色，始终如一地输出品牌形象，企业需要做什么呢？一起来看看吧。

1
BRAND
以品牌规范保护品牌特色

为了避免顾客产生不信任的感觉，例如"这和平时不一样""也许是假货吧"等，品牌的一致性很重要。因此，制定品牌规范是非常必要的。

在进行品牌营销的时候，企业在所有与消费者相关的<u>接触点</u>上都必须持续展示高度一致的品牌特色。具体而言就是商品包装、广告物料、官方网站、宣传活动、视频、社交媒体等媒介，甚至可以说是以任何形态进入消费者的眼睛和耳朵的东西。如果它们不保持一致性，那么就无法让顾客体会到品牌的特色。为了避免在表达品牌特色时出现差错，企业需要制定相关的规则，这就是"<u>品牌规范</u>"。品牌规范是必须严格遵从的，任何与品牌的世界观不相符的表现都会阻碍品牌特色的传播，更可能产生顾客对品牌的信任风险。

如果品牌特色摇摆不定

产品包装
广告物料

网页　视频

社交媒体

辣的？甜的？
苦的？

举个例子，品牌商标有着非常重要的作用，商标需要在瞬间向消费者表达品牌的内涵。如果企业不对商标进行明确的规定，试想一下，这会产生什么问题呢？例如包装上印的商标纵横比不对，或者是商标的<u>字体</u>看着很相似但实际不是同一种字体，又或是颜色有细微差别等，这些情况一旦发生该如何是好？顾客看到商标的格式不对，肯定会产生怀疑，觉得"这和平时不一样""是不是高仿产品呢"。如果顾客不能确定商品是正品，就可能会打消购买的念头。商标的规范性不仅会影响销售末端的顾客，也会影响品牌的合作客户。客户也许会因此对企业产生怀疑，认为"<u>这家公司能力不足，连自己的商标都管理不好</u>"。品牌商标的管理不善，会让顾客和销售渠道都对品牌敬而远之。

品牌规范的必备内容

2 BRAND

品牌规范中必须要包含能传达品牌世界观的信息，其中也包括能以短短数语传达出品牌愿景的品牌故事和品牌口号。

品牌规范规定了品牌的表达，它主要分为三个部分："序言""语言识别"和"视觉识别"。第一部分的"序言"指明了品牌愿景、品牌体系等根本的思考方式。在序言中，首先必须有"定位"。定位显示出品牌在市场中的位置，明确了品牌的独特性以及与竞争对手的差异性。然后，从情感的角度出发，制定品牌人格（例如"热血"）并营造氛围（例如"正义"），这便是"品牌个性"。

对应品牌特色的元素

品牌规范　　　　　　　　　　序言

视觉识别
设计的样式和手法

语言
识别
传达品牌
愿景的
文字

序言
品牌的根基

❶定位
明确自己和竞争对手的差异性，指明品牌特色

❷品牌个性
从情感的角度来定下品牌印象的标准

❸品牌体系
说明品牌体系的构造、集团事业的阶层等信息

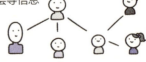

接下来企业要明确"品牌体系"，这指的是品牌是基于什么样的结构建立起来的。第二部分的"语言识别"是以文字来构建品牌的世界观。其中，企业首先以非常具有感染力的"品牌故事"来表达品牌愿景，并以一句"品牌主张"对品牌愿景进行抽象的表述，有时候它也会是一句口号。接下来要制定品牌传播的必要信息和传播方式，设定好"核心信息"，这样一来，无论企业中的哪位员工来负责相关事务，都能够保证信息传播的一致。最后，企业期待自己的品牌被消费者如何认知，就按照期待中的形象倒推回来，制定相应的"视觉识别"来统一品牌设计的样式和手法。品牌规范中会收录所有基础设计规定，包括品牌符号、品牌色、企业名称标准字、图标、使用示意等，它是一个任何人都能正确运用的系统。

语言识别

❶品牌故事

具体地、富有感情地以故事形式来讲述品牌愿景

价值　历史　思考

❷品牌主张

直接地、抽象化地以文字表达品牌愿景

可爱

❸核心信息

确定品牌所要传达的核心内容和呈现

卡哇伊萌　可爱　精致　想表达的东西变来变去啊……

视觉识别

❶商标、图标的规格

定下颜色、配色、形状等，形成规则

· 浅色商标　· 浅色图标

· 深色商标　· 深色图标

· 颜色
白色
#ffffff
黑色
#000000
红色
#ff0000

❷使用示意

展示出各个设计在不同场景中的使用方式

中性商标-适用于不同环境的背景
明亮环境→深色商标
昏暗环境→浅色商标

明亮背景使用浅色商标　暗色背景使用深色商标

❸注意事项

明文标注必须规避的使用方式

改变为规定以外的颜色　旋转或翻转

尺寸过小，无法看清　变更比例、元素

品牌手册有利于内部品牌营销开展

不是所有人都有能力理解复杂的品牌规范。我们可以制作一本简单易懂的小册子，只选取重要的内容进行汇总，这种小册子也是很有必要的。

随着品牌的成长，品牌规范会不断升级，内容会变得越来越复杂。因此，要使所有相关人士都能正确地把握这些内容，也变得越来越困难。这时候，企业可以将最为重要的内容（即精髓）汇总制作成一本小册子，称为"品牌手册"，将它作为辅助性的工具是非常有效的。制作品牌手册的关键在于，企业要在理解难度上花费工夫，做成一份包含视觉呈现的、便于直观理解的简明资料，这样才能降低使用者的心理门槛。当员工们真正明白了品牌规范的精髓后，就会增进对品牌表达的理解，此外，即便是中途加入的员工，也能通过品牌手册使他们尽快与老员工达成共识。要做好品牌手册这个内部品牌营销的工具，诀窍在于"视觉化"和"IT技术的应用"。

制作品牌手册

品牌规范

品牌手册

太厚了，实在不想看……想找的东西也好难找到……

一下子就读完了，简单易懂！

编写品牌手册要活用短文字、图表和图形，最重要的是让员工更容易把握好品牌规范的整体，以及理解其结构。在设计方面，手册除了展示基本的规则，还可以突出失败案例、优先级排序等信息，使重点一目了然，更加便利。还有一些比较有效的方法是，企业可以把品牌手册做成特殊格式，使其在手机等终端上也能阅读，或者采用视频的形式说明手册内容等。为了帮助员工理解品牌，还可以在手册中添加手绘插画、公司照片，使品牌手册更有亲切感，这些细节也是很重要的。另外，品牌手册的管理方式也需要优化，例如将品牌手册的内容应用到员工的信息技术学习及日常沟通工具中等。通过丰富品牌手册中的元素，使小册子成为品牌规范的模板，内部员工沟通起来没有偏差，在他们向顾客传达品牌形象的时候才不会出现偏差。

简洁的文章
使用简单的表达方式，让任何人都能理解

插画和照片
使用手绘插画和公司照片，更让人感觉亲切

图表和图形
品牌规范的整体和结构都清晰易懂，便于掌握

品牌须知
①
②
POINT

具体案例和优先级排序
用心提升信息的可视化程度，使其一目了然

· 可以通过手机和视频浏览

· 应用到员工的信息技术学习及日常沟通工具中

品牌须知
第①条……

调整企业状态
推动品牌价值最大化

为了将品牌价值最大化，必须让所有员工凝为一体、通力合作。
企业可以通过培训来将品牌的概念植入每一位员工的心中。

在品牌营销中，在企业内部渗透"品牌愿景"是非常重要的，可以说这是提升品牌价值、增长企业利润所不可或缺的步骤。为了深化品牌愿景在企业内部的渗透，Interbrand公司提倡将"品牌参与"作为必要的思考方式。一般情况下，品牌参与指的是通过内部品牌营销来推进品牌愿景在企业内部的渗透，以及通过企业培训来培养员工对企业、品牌的依赖度，但Interbrand公司进一步提出，品牌参与还包括"所有员工为实现品牌愿景所需要具备的思考与实践能力"。

品牌参与能提升员工意识

品牌愿景

便利?　　可爱　　有型　　高级!

品牌愿景=物美价廉

渗透　　渗透　　渗透　　渗透

要降低成本!

设计看起来要有高级感!

将高品质作为卖点!

提高顾客服务质量!

Interbrand公司所指的"品牌参与"中，最重要的是以下3个措施，分别为：经常与员工同步企业目标；调整工作环境，必要的简单信息可随取随用；针对员工的评奖和薪酬设计新制度。在以内部品牌营销推动企业内部渗透的过程中，员工往往会有"目标不明""信息不足""缺乏主动性"的想法，这些想法都会阻碍内部渗透，而上述措施能够改变这3种想法，培养出思维模式和实践能力都更适应品牌需求的员工。消除了员工的抵抗心理后，员工参与品牌营销活动的积极性会大大提升，因此也更有可能实现品牌增值。

■ 为了达成企业内部渗透

内部品牌营销应该如何推进

BRAND

品牌营销培训的内容应该更加有趣，让员工自愿参与其中，从而产生对品牌的依赖。只有当员工也爱着品牌，他们才能更好地将品牌特色传递给客户。

内部品牌营销是品牌参与的内部渗透中的一项重要活动，它指的是以企业内部人员作为对象进行品牌营销培训。这项活动面向全体职员，目的是帮助所有人理解品牌的愿景和价值观，推动他们的实践行动。虽然营销的对象是员工，但内容和面向顾客的营销基本相同，只是在此基础上增加了"当下进行品牌营销的原因"等来自管理层的培训内容。在实施内部品牌营销时，要注意设置多样化的接触点，例如使用专业的教材和资料、开展讨论会、设置品牌大使等。最理想的内部品牌营销方式能让员工们乐在其中，愿意主动参与。

内部品牌营销提升员工对企业的依赖

管理层

我们公司的卖点是"平价又安心"，这不符合我们的风格！

为什么连服装都要限制？穿得漂漂亮亮不好吗？

员工

内部品牌营销

只有低价才能展示出我们"安全、诚信"的特质，这一点很重要

"诚信"指的是？

专业的教材、资料

工作讨论

原来店员的服装、态度都是构成品牌形象的要素呢！

为什么现在我们要这样做

管理层

品牌大使

员工

内部品牌营销的目标是让员工发自内心地对品牌产生依赖。乍一看，这种做法好像是在品牌营销上绕了远路，但实际上它是非常必要的。原因在于，只有当员工心中抱有对品牌的理解和依赖，才能在不同的接触点中始终如一，把品牌特色恰如其分地传达给顾客。在面向员工的培训中，管理层必须将饱含热情的想法传递给员工。最为关键的是，这不是一种强制的要求，而是在员工的心中掀起一场变革，让他们看到全员共进退的姿态，使他们对企业产生共鸣。这些理念要通过各种方式反复进行传播，除了企业内部网站、内刊等媒体外，还可以通过研讨会、座谈会与员工直接对话，或是用视频传播等。虽然这项工作的成本效益并不明显，但只要让员工因在本公司工作而感到自豪，它就是有价值的。

■ 内部品牌营销＝培养"依赖"

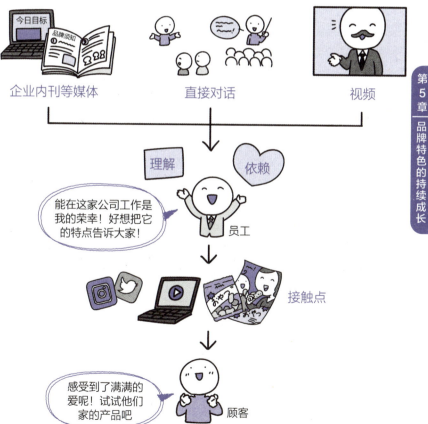

企业内刊等媒体　　　　直接对话　　　　视频

理解　依赖

能在这家公司工作是我的荣幸！好想把它的特点告诉大家！　员工

接触点

感受到了满满的爱呢！试试他们家的产品吧　顾客

6 BRAND
一味强调冲击力
品牌形象破碎

宣传战略的目的是扩大品牌知名度，这项工作不能全部交给广告代理商等外部人员。作为品牌的主人，企业自身必须对宣传工作有慎重的思考。

在品牌营销上投入了大量经费，却无法获得成功，像这样的案例有很多，失败的其中一个原因是广告制作的合作方式。很多企业依然抱有传统的观点，认为"做出了广告就能传播出品牌形象""广告的冲击力决定产品的销售业绩"，在这些观点的引导下，一些企业把宣传工作全部丢给制作公司，由此制作出来的广告会随着委托的制作公司不同而变化，所强调的品牌特征也会改变。这样一来，不仅不利于品牌下的各类单品，品牌的整体形象也是反复无常，无法让消费者感觉到品牌作为整体的一体感。注重冲击力的广告虽然能在短时间内让商品畅销，但无法预期长期的利益。

需要冲击力，但不能失去一致性

相反，它的缺点却能列出许多，例如存在产生品牌负面形象的风险，让顾客认为这个品牌缺乏一致性。如果广告强调冲击力，为了追求故事性，设计师就会设计不同的品牌形象，它们可能与品牌真正的形象大相径庭，让消费者产生错误的品牌认知，这会对品牌造成极大的伤害。当然，这些缺点不是广告自身造成的，而是由错误的合作方式所导致的。原因在于，企业在进行委托的时候，没有正确地向广告制作方传达出品牌的特色和愿景。作为外部品牌营销的工具之一，广告一直是非常有效的。因此，企业要正确地理解广告制作的合作方式，才能更好地应用它。

BRAND

适当管理品牌传播

在品牌传播中，要制作重要的宣传物料，必须使用创意简报，它能更好地将品牌想要传播的内容进行多方同步。

在品牌战略中，所有的传播渠道中所呈现的品牌表达都要保持一致，这一点非常重要，尤其是面向顾客的广告、宣传等物料更是必须注意的。广告物料基本上都是要委托设计师等人员进行制作，但制作时一定要注意，物料所呈现出来的品牌世界观要与其他接触点相一致。创意人员在接受了委托之后，为了让物料能够最大限度地传播开来，有可能使用独特的视觉呈现和语言表达方式，从而破坏了品牌表达的一致性，这也是有可能的。为了避免发生这种情况，委托方必须进行品牌传播管理。

品牌传播管理

性格是

品牌人格

品牌愿景

冲吧

品牌接触点

SHOP

信息是……

核心信息

基调与手法

和往常一样美丽

语气开朗

沟通腔调

必须进行全面管理

品牌传播管理不仅要明确指定商标的使用方式、品牌色的使用条件等，还要正确地告知制作人员品牌传播的最终目标、想要传播的品牌价值等。在这里我们可以使用一份整理好以上规定内容的材料，这份材料叫作"创意简报"。这份材料会从品牌的愿景到品牌个性、设计规则等进行详细说明，并明确这个物料要向消费者传达什么。有了创意简报，即使是要委托其他设计师制作新的物料，也能让品牌表现得以统一。

8

BRAND

不依靠广告
如何在媒体上提升认知度

有一种免费打广告的方法是让品牌成为新闻被媒体报道。如果想让记者对品牌产生报道的欲望，品牌在新闻通讯上的发声很重要。

面向顾客等外部人员所进行的活动称为"外部品牌营销"，外部营销中有数量繁多的接触点，如电视、报纸、网络上的宣传广告，以及展会、快闪店的活动或促销。但是，在进入数字时代之后，越来越多消费者对这些接触点产生负面评价，认为"反正都是宣传""只讲对品牌有利的事"。不过，在这些声音中，也有品牌因为报纸和网站等媒体的报道，获得了巨大的宣传效果。

品牌要吸引关注　新闻营销是契机

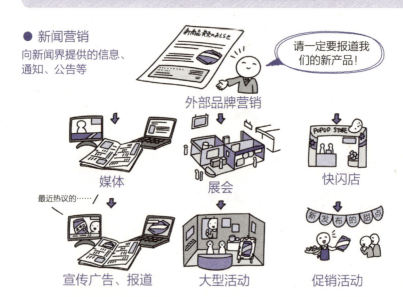

● 新闻营销
向新闻界提供的信息、
通知、公告等

外部品牌营销

请一定要报道我们的新产品！

媒体

展会

快闪店

最近热议的……

宣传广告、报道

大型活动

促销活动

其实这种方法很久以前就有了，即"新闻营销"，但要想别人看到后品牌的营销后愿意在媒体上进行传播，企业还需要花费些心机。例如，用好视觉素材，像是好看、吸引人的照片，或者附带商品试用装等，都算是很好的方式。但最重要的是，企业要考虑到阅读者的立场，从而确定以什么样的内容来吸引阅读者。如果是以记者作为阅读对象，就要在新闻稿中设计容易被报道的新闻点，再加入一些符合当今趋势的信息，例如最新的消息、社会问题的处理、以SDGs（联合国可持续发展目标）的观点分析本公司产品对环保的贡献等，这样一来，品牌被报道的概率就会大大提升。不要轻视传统的方法，企业可以仔细思考一下要如何做新闻营销，并更好地利用它来进行外部品牌营销。

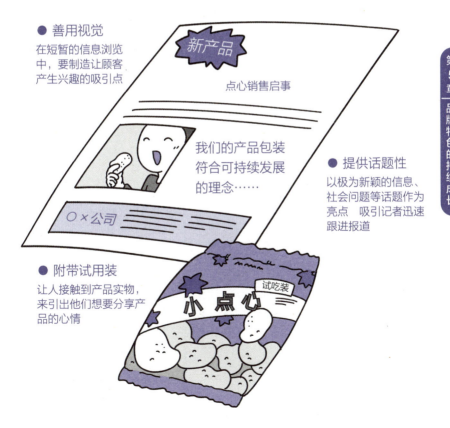

● 善用视觉
在短暂的信息浏览中，要制造让顾客产生兴趣的吸引点

新产品

点心销售启事

我们的产品包装符合可持续发展的理念……

○×公司

● 提供话题性
以极为新颖的信息、社会问题等话题作为亮点，吸引记者迅速跟进报道

● 附带试用装
让人接触到产品实物，来引出他们想要分享产品的心情

试吃装

小点心

9

BRAND 🎁

在网络媒体上提升品牌认知度

在现代生活中，任何人都能使用互联网和社交媒体发布信息。在传播品牌特色时，企业要关注到细节的部分，还要积极地用自有媒体和各种方法发布信息，这些都非常重要。

近年来，在外部品牌营销中，互联网的力量不可或缺。通过网络上口碑的传播，以网络为契机登上媒体的报道，这类事件时有发生。但是，只有当品牌拥有搜索流量的承接点，这些传播才能起到效果。首先，企业必须准备好官方主页等自有媒体以及社交媒体账户等分享媒体作为传播的承接点。制作企业官网时，企业要先以品牌的名称来设置域名。网址和网页图标也是品牌特色的体现，所以细节处也要用心。而在分享媒体方面，只要在该平台开通品牌主页就可以了。

灵活应用网络媒体

委托网络红人

分享媒体

设置域名

http://品牌.jp
或者是
http://品牌.com

⬇️

http://www.公司.co.jp/品牌

网页图标也需要设置

社交媒体　网页

目录广告　电子邮件订阅

自有媒体

← → G ⬆️

在准备好承接点之后，可以尝试去接触各个社交媒体上有影响力的网络红人，请求他们在社交媒体上对品牌进行推荐，或者在特色新品的开发立项时，利用众筹这一方案。众筹指的是在网络上发布你想要制作的东西，从支持者处募集资金，但这种方法的作用不只是筹措开发资金。众筹的特点是能够把支持自己的人集中起来，这也是它的优点。而且，众筹通过出资的行为，让顾客因为该产品而将整个品牌自有化，他们会为了帮助品牌获得更多支持者，而向周围推广品牌。此外，品牌在网络媒体、网站上留下了痕迹，就很容易被搜索到，这也是一个优点。

■ 出资行为能够促进顾客将品牌自有化

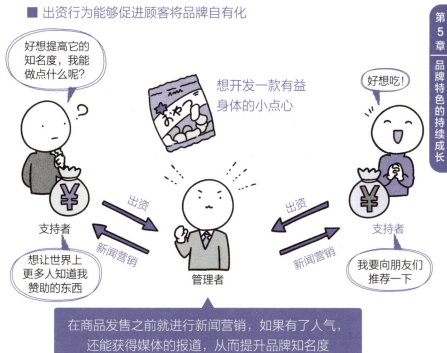

消费者共创时代
全新的品牌营销方式

只有企业单方面发声的品牌营销方式已经落后于时代了。企业现在应该构建全新的传播方式，让购买者自愿向身边的人推荐产品。

有人说，品牌营销经历了重视产品价值的时代和重视顾客体验的时代，而现在来到了重视顾客共创的时代。换言之，当下的时代企业需要和顾客一起合力打造品牌。由于社交媒体的普及，现在不仅企业能够传播信息，消费者也拥有自己的发声渠道，全网信息量暴涨，消费者的购买行为产生了深刻的改变，共创的趋势正是与之息息相关。以前消费者的购买行为以"AIDMA模型"来定义，而在经济学家菲利普·科特勒看来，AIDMA模型已经被全新的行为路径所取代，他以"5A理论"重新定义了智能手机时代的消费者旅程。

从"AIDMA模型"的时代到"5A理论"的时代

商品价值的时代　顾客体验的时代　　　顾客共创的时代

以往的购买决策流程

AIDMA

认知
Attention

兴趣
Interest

欲望
Desire

记忆
Memory

行动
Action

！

很棒哦

真想买

买了

新行动流程

5A理论

认知
Aware

吸引
Appeal

调查
Ask

行动
Act

推荐
Advocate

强烈推荐！

好喜欢

那个很不错

嗯嗯

买了

强烈推荐！

AIDMA模型以"购买行为"作为顾客行为路径的目标，而基于社交媒体普及时代的5A理论则是将目标定在"让顾客推荐产品"。只有企业单方面呼吁着"请了解我、请购买我"的时代已经结束了，新时代的传播应该要考虑如何让购买者能够自发地推荐产品，这是一个共创品牌营销的时代。在5A理论中的"推荐"包括了两种行为，一种是顾客购买之后会为产品创造"它很棒"的口碑，另一种则是通过购买来满足自我表达利益，展示出"我是会使用它的这类人"。越来越多的商品从很有个性的包装特意转变为简洁的设计，从而改变了品牌展示特色的路线。这也是为了更贴近消费者在日常生活中的自我表现欲，体现了企业为了顾客被认可的渴望所花费的心思。

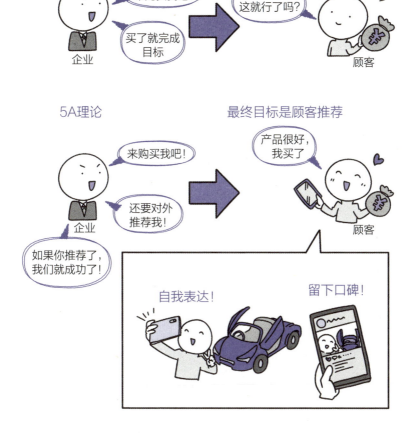

记住它们

品牌营销
术语集⑤

☑ 关键词

字体

指的是基于统一的方案所设计的文字风格，该文字风格应用在各类展示、印刷的场景。

☑ 关键词

品牌大使

指的是作为品牌门面的人物，也叫作"品牌大使"。品牌大使在企业中担任着打破部门边界、传达品牌愿景和价值观的作用，可以说是企业内的红人。作为内部品牌营销的重要存在，品牌大使要深刻理解品牌的理念，并以行动推进品牌理念在企业内部渗透。

☑ 关键词

创意简报

概括了广告活动战略的广告规划图。由目标人群、品牌概念、核心创意、期待效果等项目所构成。为了各方人员明确地同步活动目标，即"本次传播是希望传播什么"，而将信息相关的内容在创意简报中清晰地展示出来。

联合国可持续发展目标（SDGs）

SDGs是Sustainable Development Goals的缩写。2015年联合国可持续发展峰会上，193个联合国成员国通过了17个可持续发展目标，包括消除贫困、性别平等等内容，计划在2030年达成。

自有媒体

企业自有的媒体的统称。以前该词指的是企业的宣传册等，在社交媒体兴起后，现在也指企业自身运营的网站、博客等。这是除了公关传播外，企业实践经营战略和收获顾客的一种重要工具。

LOGO DESIGN VALUE TRUST IDENTITY

第 **6** 章

进行效果检测
才能不断前进

在进行品牌营销活动时，企业必须要正确把握活动的效果，发现能够优化的部分，这样才能将品牌营销越做越好。在本章，我会基于世界标准的效果检测方法，介绍应该以什么方式进行效果检测。

效果检测也是品牌营销的重要步骤

BRAND

为了对品牌营销进行有效的检测，需要了解对品牌进行价值评估的方法和计划。

想要有效地提升品牌价值，企业需要重视通过效果检测得到的反馈。企业要检测品牌营销中各项活动的效果，把握品牌愿景和发展现状之间的差距，在弥补差距时注意收集反馈，像这样不断重复品牌增值的循环。尽管如此，在品牌营销活动的具体执行中，总是会发生各种问题，由于一些情况难以换算成具体金额，因而效果检测很难看出成本效益，不仅管理层容易忽视效果检测，就连现场的工作人员也很难理解它的必要性。

进行效果检测和反馈的方法

因此，企业必须建立起品牌相关的全面价值评估体系。在此基础之上，针对品牌营销中发生的种种现象，不仅要检查当前的品牌价值和业务价值，更要预估品牌在将来会拥有什么样的影响力。此外，针对检测结果的反馈，企业要搭建一个简明而全面的信息共享机制，任何人都能够据此进行明确的判断，这也是非常重要的。效果检测不仅是收集数据进行定量调查，还可以通过采访顾客、营业员来进行定性调查，追踪社交媒体和自有媒体等，这些方式都可以使用，当然成本也不低。

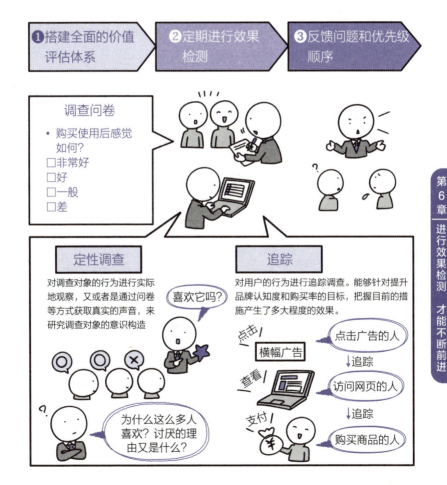

❶搭建全面的价值评估体系　❷定期进行效果检测　❸反馈问题和优先级顺序

调查问卷
• 购买使用后感觉如何？
□非常好
□好
□一般
□差

定性调查
对调查对象的行为进行实际地观察，又或者是通过问卷等方式获取真实的声音，来研究调查对象的意识构造

喜欢它吗？

为什么这么多人喜欢？讨厌的理由又是什么？

追踪
对用户的行为进行追踪调查。能够针对提升品牌认知度和购买率的目标，把握目前的措施产生了多大程度的效果。

点击 横幅广告 → 点击广告的人
↓追踪
查看 → 访问网页的人
↓追踪
支付 → 购买商品的人

2
BRAND

如何应对现实与最终目标的差距

市场趋势变化莫测，品牌愿景和现状之间很容易产生差距。企业必须在保留品牌本质的同时，及时对品牌进行更新，让品牌能够跟上时代。

在品牌战略活动中，企业必须经常确认品牌愿景和目前的品牌定位之间的差距。例如，品牌所追求的特色是"舒适的休闲空间"，但从顾客的问卷中却得知，顾客认为品牌并没有提供舒适的休闲空间，这就是所谓的差距。无论其他的措施产生了多大的效果，只要有这个差距存在，就是品牌营销上的大问题。为了填补与品牌愿景之间的差距，一定要确认原因在何处、问题是什么，从而推出解决问题的措施。

如何做才能消除差距？

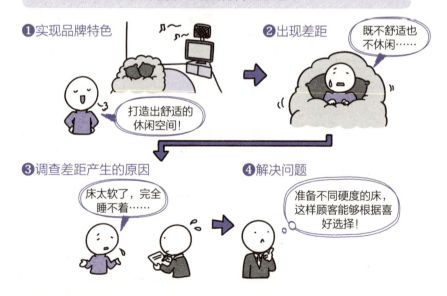

❶实现品牌特色

打造出舒适的休闲空间！

❷出现差距

既不舒适也不休闲……

❸调查差距产生的原因

床太软了，完全睡不着……

❹解决问题

准备不同硬度的床，这样顾客能够根据喜好选择！

时代在一刻不停地变化，自从智能手机出现，这10年间人们的生活发生了惊人的改变。时代趋势变化了，设计倾向也跟着改变，以前的商标设计也变得过时了，企业必须适应新生的社交媒体服务来改造设计。要快速把握顾客的需求并加以应对，重要的是在保留品牌本质的同时，顺应时代进行革新。即使你认为自己的品牌已经完成了愿景，但周围的环境一直在改变，新的差距又会由此诞生。要成为超越时代的、普适的、令顾客爱久弥新的品牌，企业就必须制定出持久的品牌战略和措施，来应对在持续变化的环境中时常出现的与顾客之间的新差距。

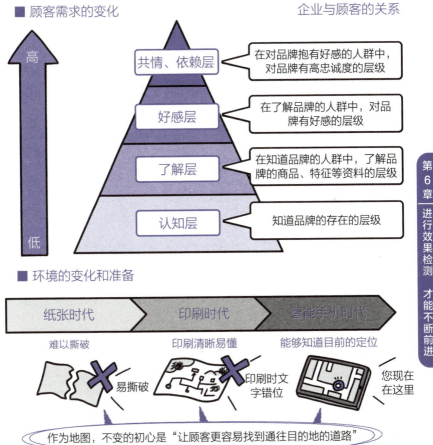

■ 顾客需求的变化　　　　　　　　　　　　　企业与顾客的关系

高

共情、依赖层 ← 在对品牌抱有好感的人群中，对品牌有高忠诚度的层级

好感层 ← 在了解品牌的人群中，对品牌有好感的层级

了解层 ← 在知道品牌的人群中，了解品牌的商品、特征等资料的层级

认知层 ← 知道品牌的存在的层级

低

■ 环境的变化和准备

纸张时代	印刷时代	智能手机时代
难以撕破	印刷清晰易懂	能够知道目前的定位

易撕破　　　　印刷时文字错位　　　　您现在在这里

作为地图，不变的初心是"让顾客更容易找到通往目的地的道路"

标准① 基础标准：品牌概念的企业内部渗透度

在进行效果检测的时候，针对什么项目的检测是必要的呢？从本节开始，将为大家介绍以Interbrand公司所提倡的10个指标为基础的检测标准。

第1个标准是"概念明确度"，即测算品牌概念在企业内的渗透程度，表示品牌愿景的明确程度、企业内部对此的理解和信息同步的进展程度。在品牌管理活动最初的阶段就必须对此进行确认。这是由于，即便企业活动成功地让消费者形成了对品牌的印象和理解，还是可能存在企业内部人员对品牌愿景理解不透的情况。假如消费者对品牌特色非常熟悉，但企业内部人员的理解程度反而很低，很有可能部分广告和宣传不符合品牌风格，容易引起品牌形象恶化。

Interbrand公司提出10个视角

❶ 企业内部渗透度
❷ 依赖度
❸ 保护体制
❹ 应变力
❺ 安全感
❻ 需求满足力
❼ 差异性
❽ 体验连贯性
❾ 存在感
❿ 一体感

评估品牌价值的10个标准

而在概念明确度高的状态下，全体员工和管理层都能对品牌的历史和目标如数家珍，能够明白在业务中应该提供什么样的品牌体验。例如苹果和宜家，它们的创始人所展示出来的世界观简单且明确，因此员工对品牌愿景的理解度也很高。宜家的经营理念非常明确，"宜家提供品类繁多的家居产品，它们兼顾了优秀的设计和功能，并尽可能以合适的价格出售，以便于更多人购入宜家的产品"。尽管宜家采用特许经营的商业模式，这种模式一直被认为难以在店铺中渗透品牌理念，但宜家的品牌理念依然深刻地渗透到全世界的店铺员工中。

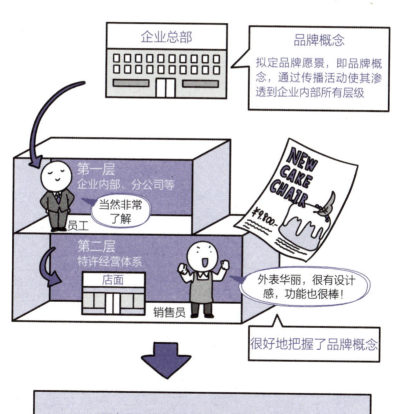

标准② 提升员工对品牌的参与渗透度

4
BRAND

只有品牌的相关人员都积极地行动起来，品牌力才能够持续。因此，企业要让员工们积极地参与到品牌中，这也是提升品牌力的手段之一。

对品牌而言，即使品牌力提高了，如果相关人员没有持续并积极地行动，品牌力也很难维持下去。因此，"**参与渗透度**"作为第2个标准被提了出来。从高层到员工是否都相信品牌是事业战略的核心，是否企业所有的决策、行动、活动都反映了品牌愿景，员工是否对品牌产生了依赖和自豪感，这些答案非常关键。管理层的深度参与尤为重要，他们需要将业务战略和品牌战略融为一体后进行品牌定位，其自身也需要作为品牌大使对企业内外输出品牌价值。

品牌营销的企业内部渗透程度如何？

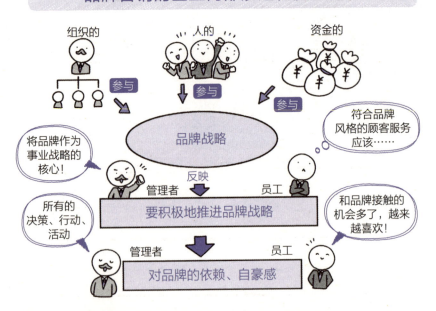

参与渗透度大致可以通过两种方式进行把握，一是对管理层进行访谈，二是对员工进行问卷调查。企业可以通过调查"管理层对品牌战略的承诺（组织性参与）""品牌对所有岗位的决策的影响度""对已经定义的品牌体验的实践度"等，了解所有的员工与品牌建立起了何等深度的关联，还要关注员工对品牌的理解、对品牌的行动以及行动时所投入的感情。众所周知，参与渗透度高的企业（如可口可乐），为了保持和优化品牌的一致性，投入了非常多的财力和精力。从这个例子中也可以得知，品牌的价值提升是结果，参与渗透度的提升是原因，为了实现参与渗透度的提升，必须坚定地推进内部品牌营销。

■ 事业战略与品牌战略

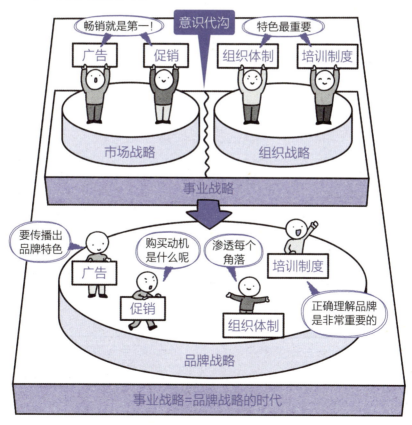

5 BRAND

标准③ 品牌特色的保护体制

品牌的世界观会对消费者的购买意愿产生很大的影响。商品和服务自不必说，就连商品陈列室也应该能体验到始终如一的品牌特色，这是非常重要的。

第3个被提出的标准是统治管理度。这指的是"企业对品牌进行保护、管理的角色和责任划分是否分明"，以及"企业是否具备高效实现品牌战略所需要的组织能力和结构"。这个标准考虑的是品牌提供给顾客的品牌印象的一致性，因此品牌管理的战略、相应组织功能等的设计、品牌规范的有无、品牌规范管理的应用工具（系统基础等）、商标保护管理体制等的运作非常关键。要提供高效且高度一致的品牌体验，就要追求有效的品牌管理，因此这个标准是非常必要的。

如何建立保护品牌特色的体制？

安心、安全是我们公司的卖点！

管理层
品牌战略计划

开发产品的工作量太多了，没有余力去做了……

员工
品牌战略实践

非但没有顺利推进，还造成了损失……

管理层
品牌战略实现

需要设立专门负责品牌保护、管理的功能部门

必须有能够应用品牌规范和系统基础的组织架构

一致性很重要

具体来说就是，企业要关注以下问题："首席营销官与品牌负责人所展示的品牌愿景和课题明确吗？""总公司的品牌团队与各个事业部的品牌管理职能、责任有清晰的定义吗？""组织是否具备品牌战略所需的技能、流程、技术基础、工具呢？""为保护品牌所做的法律层面的准备是否齐全、监察和保护的水平是否足够高呢？"这些问题在真正推进品牌活动之前都是要重点关注的。汽车品牌宝马（BMW）在本标准中得到很高的评价。在同一个品牌下，从商品到店铺，所有的接触点中所呈现的视觉、语言都有细致的品牌管理规则。品牌特色在每一个细节中贯彻到底，不仅是作为商品本身的汽车，就连展示厅里咖啡的摆放，都让人感觉到品牌的特色。

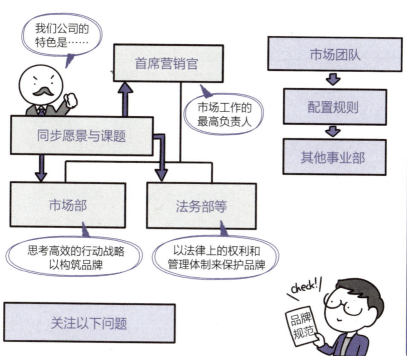

❶市场负责人与执行部门是否明确品牌愿景和课题？

❷品牌团队和各个事业部的管理与功能的定义是否清晰、全面？

❸组织是否拥有品牌战略所需的技能、基础、工具？

❹为了保护品牌，是否做好了周全的法律准备，其监察能力、效果的程度如何？

6

BRAND

标准④ 拥有预判变化的能力

如果不想被认为是对现有价值观固执己见、落后于时代的品牌，企业就必须要有成熟的事业战略，去发现必要的变化，并迅速进行应对。

第4个标准是应变力，它关注如何预判市场环境和商业上的挑战及其发生，在恰当应对的同时，持续地优化品牌、组织、战略，引导生意成长。虽然企业在品牌管理中应该持有中长期的判断标准，但并不是说完全不做变化，否则会故步自封、落后于时代，引起品牌印象的下降。品牌应该不断地追求持续优化的姿态和能力。为此，企业要时刻关注市场、顾客、竞争对手的动态，预先做出必要的改变，这一点是非常关键的。

是否建立起应对市场变化的体制

虽然互联网已经被发明出来，但专业性太高了，这样下去会陷入僵局……

竞争对手正试图通过开发个人电脑使互联网更加普及

如果能够让企业活动在互联网上进行，那会怎么样？例如购买商品、进行管理……

市场环境的预测 ➡️ 观察顾客和对手的动态 ➡️ 品牌进化

能够在互联网进行企业活动的电子商务诞生了！

应变力的具体评价点分别为："**组织改革**"，即组织文化与在市场上的成功实绩、对市场的影响力；"**组织机动性**"，即企业对问题和机遇的应变速度；"**需求变动的预判能力**"，即预测市场趋势和顾客需求；"**与员工、顾客、合作者对话的推动程度**"，即改善产品、服务、品牌体验所需的能力。高应变力的品牌代表莫过于IBM，从20世纪90年代至今，为了应对市场的变化，通过合并咨询服务的业务、出售个人电脑业务等，IBM一直在积极地调整事业战略的航向。同时，在品牌管理方面，从1997年发表的"电子商务"（e-business）到2008年的"智慧地球"（smarter planet），IBM一直在发布改造时代的思想概念，成为引领市场的先进品牌。

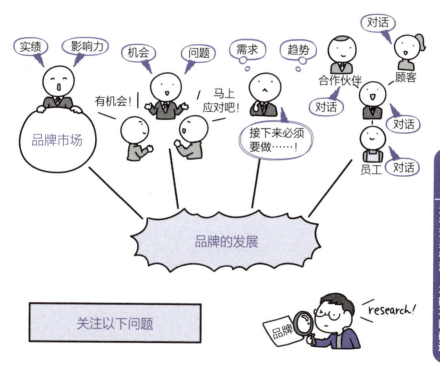

❶针对品牌组织，是否进行组织层面的技术革新？
❷是否具有迅速应对品牌变化的组织机动性？
❸是否有察觉品牌的需要、预知变化的能力？
❹与所有相关人员就品牌改善进行的对话，推动程度是多少？

标准⑤ 成为让顾客有安全感的品牌

要成为一个让顾客有安全感的品牌，其关键不仅在于历史和传统，还有可信度和真实性。如果缺乏这些，品牌就无法成为顶级品牌并称霸市场。

第5个标准是信任真实度，它的意思是，无论是不是品牌的粉丝，都会相信这个品牌拥有能实现其核心理念的能力。具体来说就是企业具备操盘能力、组织文化、组织能力等。无论品牌愿景再怎么宏伟，实现不了也是没有意义的。而且，就算有实现的能力，如果顾客不信任这种能力，这和实现不了没有区别。企业要思考品牌过去如何响应顾客的期待，即使历史很短，也要真诚地向顾客面对面地说明，让他们相信品牌的能力，这些都能够让企业的信任真实度产生大幅度的变化。

品牌能获得多大程度的信任？

在这里企业需要关注几个问题，例如在顾客看来，品牌在多大程度上是可信的、真实的？实际的品牌体验在多大程度上符合品牌愿景呢？品牌的历史和传统会在多大程度上强化品牌的品质、本质和根基？为了收集这些情报，要对企业外部进行问卷调查，并回顾品牌的历史等。丰田就是信任真实度非常高的品牌。这个日本汽车品牌持续地证明自己的高品质，从顾客处获得了高度的信赖。在2009年，因为发生了召回事件，丰田的品牌信任度大幅下降，品牌信用在短期内受到了重创。但是，由于最终报告证明了丰田汽车实际上没有缺陷，以往的品牌历史也打下了很好的消费者基础，所以事件过去之后，消费者还是很快恢复了对它的高度信任。

关注以下问题

❶品牌在多大程度上被认为是真实的、可信的？
❷实际的品牌体验在多大程度上符合品牌愿景？
❸品牌的历史和传统会在多大程度上强化品牌的品质、本质和根基？

第6章 进行效果检测 才能不断前进

标准⑥ 响应顾客的愿望品牌需要高度的需求满足力

BRAND

强大的品牌不仅要满足功能需求，也要满足情感需求。为了满足情感需求，重要的是品牌所提供的体验必须与情况相对应。

如何让顾客的需求得到满足，是所有品牌的巨大课题。第6个标准"需求满足力"的关注点在于，品牌是否通过功能利益和情感利益满足了现有顾客或潜在顾客广泛的需求、欲望和决策标准。尽管"利益"一词在当下的场景中是指顾客从商品、服务中获得的良好效益，但它不仅是对便利性、品质、价格等功能需求的满足，更必须同时满足快乐、喜悦、安全感等情感需求。所谓强大的品牌，正是通过满足这些需求，不仅收获了利基市场的顾客圈层，更抓住了广泛圈层中多数人的心。

检查对顾客两方面需求的满足能力

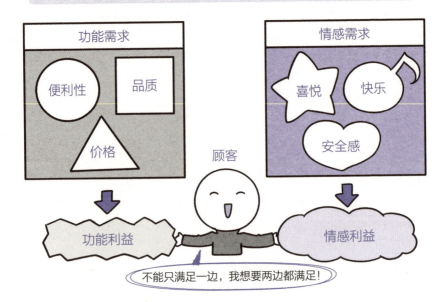

需求满足力要求分别满足"固有顾客和潜在顾客""功能和情感"两个方面的需求、欲望、决策标准。并且，还能适配不同的对象和情况，提供不同的品牌体验。最重要的是，在完成这些工作之后，我们能让顾客在多大程度上感知到"这是一个和我有关系、对我有意义的品牌"。可口可乐和耐克都是拥有高度需求满足力的、广为人知的品牌。虽然它们都是源自美国的品牌，但却能让全世界的人们喜欢它们的产品，对它们产生喜爱。耐克之所以拥有特别高的需求满足力，原因在于，它不仅满足了作为运动产品的功能需求，更满足了顾客认为该品牌具备安全感、看起来美观的情感需求。

关注以下问题

❶ 在固有顾客和潜在顾客两个方面，是否都能够满足功能和情感上的需求、欲望和决策标准？

❷ 品牌体验能否根据对象和情况进行改变？

❸ 顾客在多大程度上对品牌抱有"自有感"，认为品牌与自己有关？

标准⑦ 顾客能否感知到品牌的差异化

BRAND

差异化是品牌营销中的重要因素，如果消费者感知不到差异化，那么品牌营销就没有意义了。因此，品牌要提供能够被感知到差异化的体验，这也是非常关键的。

差异化是品牌营销中的重要因素。第7个标准"差异特殊度"考虑的是品牌是否提供了与对手形成差异性的特殊价值和品牌体验，以及固有顾客和潜在顾客是否认识到该差异性的特殊价值和体验（差异化因素）。一部分差异化是由事业战略上的定位所衍生出来的，重点在于品牌是否在人们脑海中形成了始终固定的形象以及与其他的差异化。也就是说，在数量庞大的品牌中，如果一个品牌能建立起特殊的认知，那么它就会拥有强大的竞争力。

顾客能感知到多少品牌特色呢

差异特殊度用于测量品牌是否提供了区别于对手的、有特色的品牌形象和体验，而顾客或消费者又能在多大程度上感知到这些。也就是说，关键在于接收方能够识别出品牌的形象和体验中包含的差异性。这种差异化不是由输出方来进行判断，而是基于客观的状态。要明确品牌差异化的真实情况，企业可以对顾客进行访谈、问卷调查，以及监测自己和对手的广告物料的效果等。另外，广告表现还能帮助我们确认品牌与众不同的程度。法拉利和苹果都是被认为"与众不同"的品牌。在事业定位的基础上，品牌愿景和表达愿景的宣传表现等都能明确地让消费者认知到品牌的差异化。

❶顾客在多大程度上认识到我们拥有区别于对手的特殊品牌形象？
❷顾客在多大程度上能够感受到我们区别于对手的特殊品牌体验？
❸以广告表现来突出品牌的与众不同，有效程度是多少？

10
BRAND
🎁

标准⑧ 以体验连贯性检测品牌故事的偏差

只有贯彻不变的品牌形象、持续提供品牌价值，顾客才会被品牌的世界观所感动。因此，高质量的品牌体验和信息交流是十分重要的。

第8个标准是**体验连贯性**。它表示的是，固有顾客和潜在顾客在所有接触品牌的机会中，是否感知到前后一致的品牌愿景及基于愿景的品牌故事。这个标准衡量的是，品牌是否有能力在不同的接触点上以合适的创意手法和说话方式进行品牌表现，与此同时，也要让顾客一如既往地体验到品牌价值。过去企业主要是监测品牌商标和设计是否按规定应用，现在则更重视监测体验连贯性。之所以体验连贯性变得如此重要，理由正是企业担心传播了错误的品牌形象。

保持品牌故事的一致性

过往的监测	全新的监测

过往的监测：

\ 通常 /　\ 颜色不同 /
BR⊗ND　❌ **BR⊗ND**

\ 字体不同 /　\ 规格不同 /
❌ **BR⊗ND**　❌ **BR⊗ND**

全新的监测：

\ 特色 /　\ 特色 /
广告　海报
商标 OK　商标 OK

要检查清楚品牌的商标是否不一样！

现在不仅要检查商标，还要确认在所有接触点上所提供的品牌体验都是一致的！

需要注意的是，为了尽可能保证顾客在不同的渠道和接触点上获得一致的体验，品牌要稳定地提供高质量的品牌体验和信息交流。通常来说，企业要站在顾客的角度进行监测，例如每个渠道的视觉表现和语言表现是否反映了品牌的概念，不同渠道的表现是否存在偏差。在这一点上，以"创作激情"为主题的路易·威登做得非常出色。路易·威登从产品到店铺、宣传物料等的创意表现，以传统的、现代的等各类手法始终展示出一致的品牌形象，提供品牌价值。顾客通过商品、店铺、宣传物料等渠道反复接触品牌信息，渐渐地就会被品牌的世界观所打动。

视觉表现
注意突出品牌特色，保持一致的设计和视觉呈现方式

切记！企业不能自以为是，要站在顾客的角度思考！

语言表现
使用能够反映品牌概念的广告语

关注以下问题

❶在所有接触点和渠道上所提供的品牌体验是否一致，在多大程度上做到了一致？

❷在接触点和渠道上是否稳定地提供高质量的品牌体验和信息交流？

标准⑨ 利用媒体调查品牌关注度

要得知顾客对品牌的亲密度，除了问卷调查之外，也可以通过社交媒体等媒介来了解。为了直面真实的意见并迅速应对，社交媒体的应用是不可或缺的。

第9个标准是"存在影响力（即存在感）"。它所检验的是在所有的媒体（含社交媒体）和传播渠道中，品牌是否被正面评价、是否被顾客及意见领袖认为有突出的存在感。为了提升这些维度的数值，企业首先需要提升品牌的认知率。如果品牌不为人知，那么顾客在选购产品时，就不会把该品牌列入候选项。因此，对于品牌而言，在人们的认知中保持活力、经常被人们提及，甚至成为讨论话题，是非常重要的。可以说，一个品牌能够因新品和服务的发布引起大众的期待感，并成为热议话题，这正是品牌的存在影响力很高的表现。

更好地认识品牌的关注度

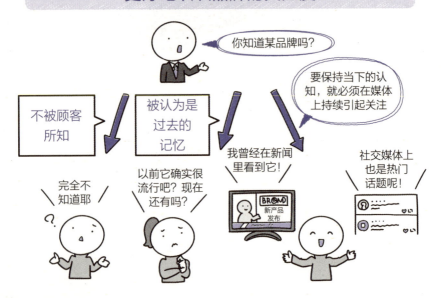

存在影响力反映了品牌在其所属的行业及行业外是否被认为是出众的，以及相关人员之间如何谈论该品牌、谈论频率如何。在进行调查时，要排除付费媒体，重点关注最核心的渠道、接触点和地域。具体的调查方式有：如果想要调查品牌的认知度和"无辅助回忆度"，可以对消费者和顾客进行问卷调查；如果想了解品牌的话题性，可以收集相关资讯的数量和使用各种社交媒体分析工具。把各种各样的意见征询结果加以统计，就能得出存在影响力的程度。如果要以一个简单的品牌案例来说明高存在影响力，那就是谷歌。虽然谷歌是20世纪90年代才诞生的新品牌，但它的认知度、与互联网相关的无辅助回忆度都是压倒性的第一名。谷歌的品牌动态也时常会成为互联网上的话题。

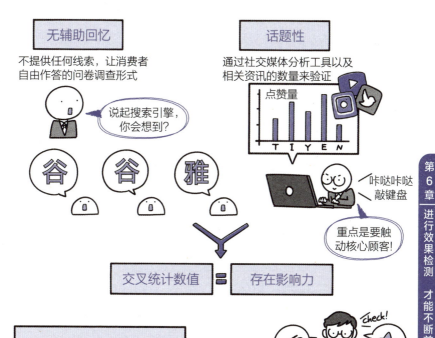

关注以下问题

❶该品牌在行业内外是否被认为是出众的品牌？
❷除了付费媒体之外，品牌被相关人员如何评价？评价数量是多少？
❸是否覆盖了接触点、渠道、地域等最重要的因素？

12 BRAND

标准⑩ 打造一体感
让顾客成为粉丝

当企业提供了优秀的品牌体验，顾客就会得到高度的满足感，对品牌的亲密度也会上升。因此，品牌所提供的体验要令顾客感到愉悦，这是非常重要的。

效果检测的最后一个也就是第10个重要标准是"共情共创度"。它所评估的有两个方面，一是顾客是否正确理解了品牌愿景并对它有强烈的共情，二是顾客是否对品牌抱有依赖与一体感，愿意参与品牌的价值共创。如果说存在影响力的考察重点是人们对品牌的评价，共情共创度则重点关注顾客是否会成为品牌的家人（即粉丝），也就是说，顾客是否对品牌愿景有深刻的共情，感觉到与品牌的羁绊，以及顾客是否自愿成为品牌大使，与企业一起提升品牌。正如前面反复提及的，让顾客成为品牌的粉丝，品牌未来发展的稳定性就会增加。

获得顾客的好感，制造粉丝

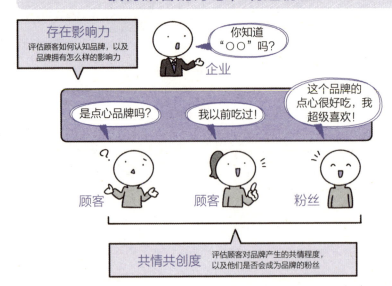

要调查品牌的共情共创度，可以对顾客进行问卷调查和访谈，不仅能了解到情感类的项目，例如顾客掌握品牌知识的深度和水平、顾客对品牌抱有多强的一体感等，还能注意到顾客的互动行为，例如他们借助各个传播渠道可能唤起多少对话、共创和支持。一些粉丝众多的知名品牌会通过以上调查来深入了解粉丝，其中较为有名的是哈雷戴维森摩托车和星巴克。哈雷摩托车会定期举办摩托车旅行等活动，以此加深和顾客的联系，粉丝中甚至有在身上刻下品牌刺青的狂热者。而星巴克则是为顾客提供家庭、职场之外的"第三空间"，即使竞争对手不断增加，星巴克也凭借舒适环境、新品开发和友好服务不断加深和客户的感情，建立了稳定的粉丝基础。

❶顾客所掌握的品牌知识有多深？水平如何？

❷借助自有和公共的渠道、平台，可能唤起多少顾客的对话、共创和支持？

❸品牌给顾客的一体感有多强烈？

191

13
BRAND
持续利用PDCA循环进行品牌管理

品牌营销并不是一劳永逸的，需要利用PDCA循环来进行持续改善，这也是非常重要的。

如果企业要高水平地推进品牌战略，前文所列举的10个效果检测的标准是非常必要的。在实践各类品牌营销活动之前，按照这些标准进行思考固然重要，在实践过程中也要以这10个标准来重新审视活动，把握活动中出现的问题。品牌管理并不是一次性的工作，随着PDCA循环（计划、实行、评估、改善）不停地重复运行，企业就能够保持和提升品牌价值。这个方法和诞生于日本本土的业务改善活动"持续改善（kaizen）"异曲同工。有了PDCA循环，日本企业在品牌营销上更加得心应手。

品牌营销必须持续推进

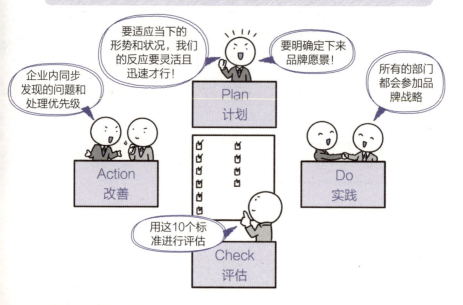

不过，在进行PDCA循环之前，企业要先定好品牌故事和品牌规范，而且必须注意不能让它们因为固定化而变得过时。建立品牌战略，就意味着明确了品牌愿景是什么，它会落实在各个业务的具体行动项目上，如开发、生产、物流、市场、销售和客户服务等，从而引起整个组织的改变。反过来说，品牌营销并不是单独部门的努力，而是必须由全体员工共同推动。

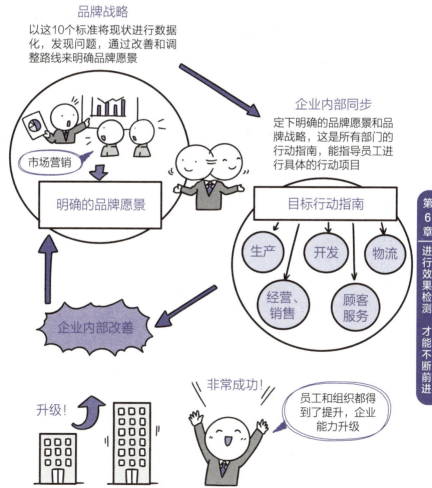

品牌战略
以这10个标准将现状进行数据化，发现问题，通过改善和调整路线来明确品牌愿景

企业内部同步
定下明确的品牌愿景和品牌战略，这是所有部门的行动指南，能指导员工进行具体的行动项目

市场营销

明确的品牌愿景

目标行动指南

生产　开发　物流

经营、销售　顾客服务

企业内部改善

升级！

非常成功！

员工和组织都得到了提升，企业能力升级

记住它们

品牌营销
术语集⑥

☑ 关键词
定性调查

这是一种调查方法，企业通过小组访谈等形式与消费者面对面交流，听取他们的意见。由于是以当面的形式进行提问，所以更能从中筛选出消费者的真实心声和深层心理活动，了解消费者在选择商品之前的经历和情感动机等，掌握到用图表和数字无法衡量的商品购买行为原理。

☑ 关键词
特许经营

指的是被称为"总部"的特许经营授权商提供自己企业的商号、商标的使用权和已开发的产品、服务、营业技巧等给经销商，而特许经销商（加盟店）能够以该品牌进行营业。加盟店需要向企业支付加盟金。

☑ 关键词
CMO

Chief Marketing Officer（首席营销官）的缩写。首席营销官负责市场营销战略的规划和执行。随着社交媒体的普及，数据处理和解析技术的高度发展，数字营销的重要性不断上升，任命该职位的企业也在不断增加。

监测

有"监视""观察""测量""检查"等含义，指的是对特定对象进行详细观察，在不同的领域其含义有所不同。作为经济术语时，监测指的是针对特定商品和销量进行预先调查，并对如何推动销量增长得出预测和评估。

☑ 关键词

付费媒体

指的是电视、报纸、杂志、电台等支付广告费用后发布广告的媒体。多为非特定多数的消费者常见的大众媒体。由于其影响力较大，能帮助企业有效地扩大企业和品牌的认知度。

☑ 关键词

无辅助回忆

在调查企业和品牌的认知度和渗透度等指标时常涉及的概念。也可以说是品牌再现。在进行认知度调查时，完全不提供选项、照片等线索和暗示，让受访者自由作答。提供选项和照片等提示的调查被称为"辅助回忆"。

LOGO · DESIGN · VALUE · TRUST · IDENTITY

第7章

第 **7** 章

学习成功的品牌营销案例

随着数字时代的到来，尽管很多日本企业还被陈旧的市场营销方式所束缚，经营难以为继，但也有企业成功推动了品牌营销，做出了一番成绩。本章会介绍那些成功的品牌营销的实践方法和思考模式，以供参考。

三得利：重生为真正的跨国企业

BRAND

有一定历史的企业往往很容易陷入一种思维死角，认为自己的品牌营销工作已经完成了。其实，如果企业的品牌营销不能跟上时代的变化，那企业就无法继续成长。

三得利集团是日本为数不多的已经奠定了地位的品牌，它成立于1899年，拥有悠久的历史和传统。三得利在日本拥有稳定的市场份额，也拥有很高的知名度，从2001年开始，集团整体的品牌战略调整为以全球化为目标。在日本，三得利集团内部的品牌建设在某种意义上已经完成，但该企业凭借全球化的品牌营销，销售额从原本的14 343亿日元，到2016年增加至26 515亿日元，几乎翻了一倍，海外销售额也提升了17%，取得了很大的成果。对跨国企业而言，最难处理的是文化差异导致的品牌理念的渗透度差异。

赢在因地制宜的内部品牌营销

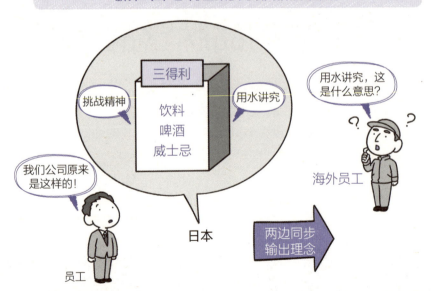

针对海外分公司，三得利准备了品牌规范等资料进行分发，但这些资料只是单纯直译为当地的语言，无法恰当地表达出品牌的价值观、意识等。因此，三得利专门设立了新部门来负责全球化的工作，并推行"三得利主义"的渗透方案。这些措施让三得利跨越了语言和文化的差异，促进员工对品牌的理解，从而推动员工形成对品牌的<u>自有化思维</u>，提升了他们的工作动力。通过新产品的开发和销售，三得利不断推进世界级规模的品牌营销活动，因此大获成功。三得利可以说是以推进企业内部品牌营销来实现全球化事业的优秀示范。

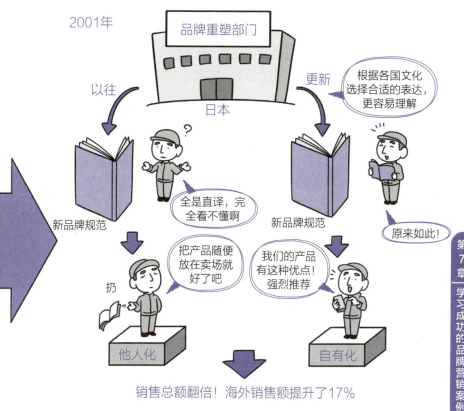

第 7 章 学习成功的品牌营销案例

2 松本清：从停滞到复苏的业界革新者

BRAND

松本清的药妆店曾经盛极一时，但随着其竞品迎头赶上，它也曾陷入经营困境。在松本清品牌复苏的过程中，它的营销功不可没。

城市型药妆店的商业形态在日本已经随处可见，这种业态是由"松本清"推广开来的。自从1987年松本清在上野的阿美横街（アメ横）开了第一家门店后，从首都圈到地方的都市圈都涌现出无数家松本清药妆店，1995年松本清以革命性新品牌的姿态一跃成为业界榜首。2005年松本清推出了PB品牌"MK CUSTOMER"，囊括了医药产品、食品、日用品、化妆品等丰富的品类，获得了顾客的喜爱，被顾客们亲切地称为"松清家（マツキヨ）"。但是，到了2010年以后，市场上出现了竞争对手模仿松本清开设的药妆店以及类似的小店，这些小店和药妆店一样出售各类商品，松本清由此陷入了苦战。

发挥独特性　与对手形成差异化

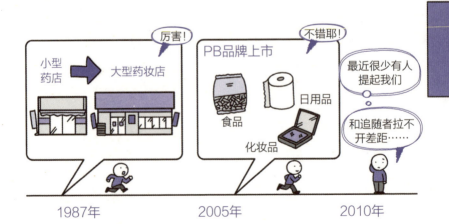

因此，在2015年，松本清对PB品牌进行了品牌重塑。已经运营多年的PB品牌"MK CUSTOMER"被终止，松本清建立了全新的PB品牌"matsukiyo"。松本清将品牌愿景定为"享受日式生活"，品牌概念则是"以美丽、健康、快乐为每日的生活上色，以此为念的创新品牌"。"matsukiyo"的目标是让顾客快乐购物。松本清更换了品牌的商标，还从顾客的视角出发更新了产品的包装设计，使其变得更容易理解、更舒服，务求让顾客感受到购买独家产品的愉悦感，并将这样的服务姿态在全企业内渗透，成功地与竞争对手形成了差异化。因此，在短短3年内松本清的销售额成功上涨，与2015年相比销售额提升了130%。

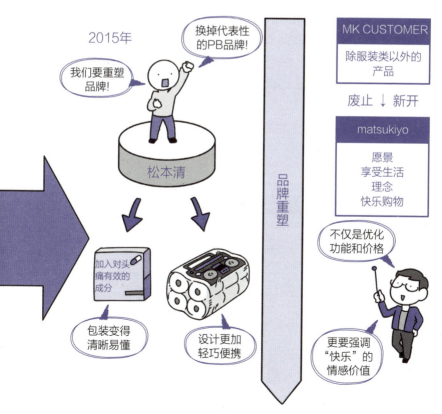

2015年

换掉代表性的PB品牌！

我们要重塑品牌！

松本清

品牌重塑

MK CUSTOMER

除服装类以外的产品

废止 ↓ 新开

matsukiyo

愿景
享受生活
理念
快乐购物

不仅是优化功能和价格

加入对头痛有效的成分

包装变得清晰易懂

设计更加轻巧便携

更要强调"快乐"的情感价值

3 BRAND 马自达：以品牌重塑摆脱经营危机

曾经一度陷入经营危机的大型汽车厂商马自达，是如何通过品牌战略走出失败的呢？让我们一起来了解一下吧。

在日本汽车市场份额位居第四的马自达（Mazda），在20世纪90年代也有过被称为"马自达地狱"的艰苦经营时期。在日本泡沫经济最为繁荣的时候，马自达推出了自有多渠道的销售模式。当时，马自达在日本根据不同的车型设立不同的销售渠道，试图获得更大范围的顾客，产品阵容也大幅增加，但是企业品牌自身的主张却非常薄弱。这是因为当时马自达的产品矩阵差异化不大，却开发了大量的车型。结果，马自达的品牌形象变得非常混乱，销售量下滑。然而，车型的激增又使得研发费用增长，造成了企业的经营压力，最终在1996年，马自达随着泡沫经济的破裂归入福特旗下。

高级技术力会成为品牌价值

2002年以来，虽然马自达努力提升了品牌形象，但由于2008年福特减少了投资，马自达再次陷入经营危机。对此，马自达所采取的解决方案是，总结出所有车型的共同属性，统一汽车制造的基本原理。以此为基础，马自达打磨出了高级技术"创驰蓝天"（SKYACTIV Technology）技术和"魂动"设计理念，从2012年开始正式进行开发，提高了产品力。马自达一直贯彻"2%策略"，非常重视爱着马自达的用户，坚持制造能够满足粉丝需求的汽车，因此成功重建了品牌形象——"爱车就选马自达"。这个品牌重塑战略也帮助马自达斩获了"日本年度风云汽车品牌大奖""日本品牌大奖"等无数大奖。

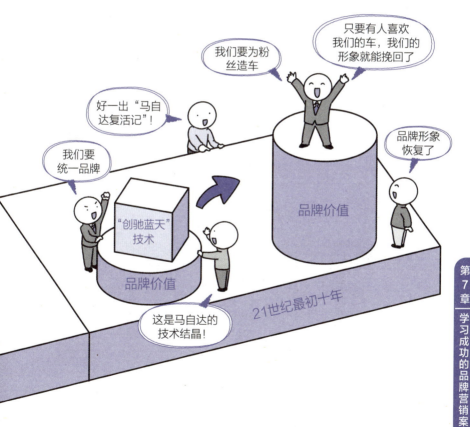

4 BRAND 🎁

大和房屋：集团全体沉淀品牌价值

大和房屋集团提升品牌价值的方式是，先提出一个容易理解和同步的目标，即"实现创始人的梦想"，然后集团上下共同推进品牌重塑。

大和房屋是日本屈指可数的住宅建筑商，其业务涵盖商业建筑、酒店、家居建材超市等领域，集团上下共同运营着一个销售规模达万亿日元的大集团。但是，当看到日本未来的趋势是少子高龄化后，大和房屋认为，复合型事业体要想成长，必须采取更加严格的方案。因此，为了强化品牌和顾客之间的关系，打通集团内部涉猎甚广的业务群，大和房屋从2005年开始实行集团品牌营销，成功将企业形象大幅提升。大和房屋的创始人曾经提出一个梦想，那就是"在成立100周年时销售额达到10万亿"，为了实现这个梦想，大和房屋采取了一系列措施。

集团内部同步目标　提升整体业绩

虽然集团中每家企业单独看也是大企业

大和房屋

期待集团整体销售额达到10万亿日元

好的，开干！

创始人

商业建筑　　酒店　　建材超市

大和房屋首先拟定了新的品牌定位，即"人、街区、生活的价值共创集团"。在明确了发展方向之后，大和房屋又打造出品牌象征标志"心无止境"作为集团象征。在集团成立50周年之际，大和房屋在集团内部发布这个全新的品牌象征标志，同时也通过电视广告、报纸等向企业内外传播新的品牌方针，开始启动品牌重塑。在这次品牌重塑的活动中，大和房屋的"共创共生"系列广告闪亮登场，这系列广告包含了电视广告和报刊广告，在当时获奖无数，备受赞赏。为了将集团上下所有员工的心凝聚在一起，构建出强有力的经营体制，大和房屋导入了全新的品牌象征标志，并借此提升了员工们的工作动力，让集团整体的销售额提升了2.8倍。

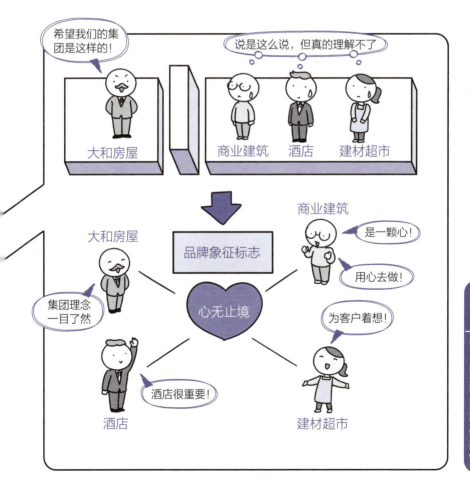

5 BRAND

Ref Lite：擦亮被埋没的产品价值

Ref Lite曾因不善于发挥自己的优势，而迎来了品牌消亡的危机。在改变品牌愿景之后，Ref Lite进行了品牌重塑，将目标顾客调整为更合适的人群，才得以让品牌走回正轨。

在直接面向顾客的B2C商业模式中，企业要读取消费者的需求再进行商品开发，这是非常重要的；而对于B2B企业，他们的生意则需要配合厂商等企业的需求。在这种情况下，B2B企业更追求在资源供应方面的效率，不适配需求的技术就会被淘汰。在Ref Lite的案例中，尽管该企业拥有高独创性的、极其优秀的彩色反光布技术，但如果这项技术没有被时尚品牌发现，就会变成一种沉睡的资源。在反光安全工作服的市场中，Ref Lite被拒绝了，于是，该企业将焦点放在了"色彩"上，针对这一点打造了品牌重塑战略。

品牌重塑使独创性得以发挥

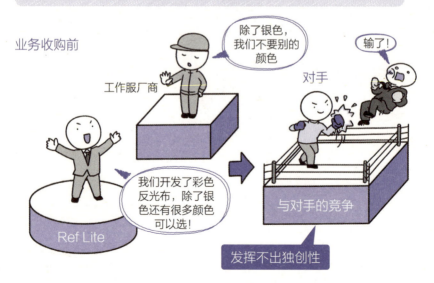

业务收购前

除了银色，我们不要别的颜色

工作服厂商

输了！

对手

我们开发了彩色反光布，除了银色还有很多颜色可以选！

Ref Lite

与对手的竞争

发挥不出独创性

206

在B2B模式的客户拒绝了Ref Lite的彩色反光布后，Ref Lite一直发挥不出自己的独创性，直到2015年被迈波斯（Mipox）公司收购了部分业务后，才踏上了品牌重塑的道路。Ref Lite将品牌愿景定为"以光芒改变世界"，品牌的口号则是"闪耀吧，色彩无限"。同时，企业内部也以"我们重生了"为主题进行内部品牌营销。在这次品牌重塑中，Ref Lite转而面向时尚设计师，从而作为新型时尚材质确立了其品牌地位。转战时尚界后，Ref Lite成功实现了品牌形象升级，并陆续发布了面向工业市场的高性能材质产品，以对接工业方面偏向性能的需求。这次品牌重塑帮助Ref Lite拓展了全新的客户。

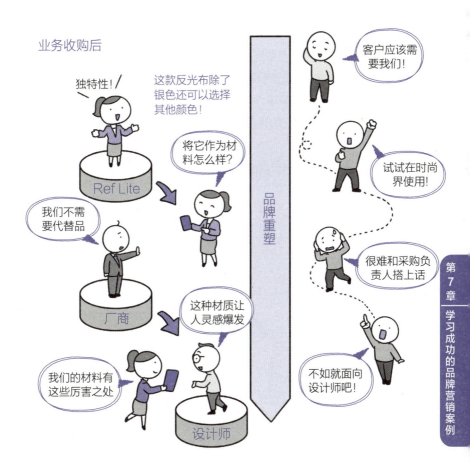

Sidas：疫情推动顾客价值反思　品牌规模扩大

BRAND

有时候，品牌虽然拥有合适的接触点，但因为特殊情况不能进行品牌营销。针对这种情况，Sidas设置了新的接触点，使业绩大幅提升。

运动型高功能鞋垫制造商Sidas起源于法国，借助专业运动员建立了第一品牌的地位，但由于其产品的销售地点都是运动用品店等专业门店，新冠肺炎疫情后门店纷纷停业，Sidas大受影响，强化电商渠道便成为当务之急。此外，与鞋文化先进的欧美等国家不同，日本人对高功能鞋垫没有太多的认识，不知道它可以帮助矫正步行姿势、减轻步行负担、舒缓疲劳，所以尽管日本存在大量的潜在用户，Sidas却触达不到他们。因此Sidas决定重新思考品牌价值，在抓地力、稳定性、舒适性等功能价值的基础上，增加"提升表现的喜悦感"的情感价值，以此作为品牌的顾客价值。

新冠肺炎疫情导致品牌战略变更

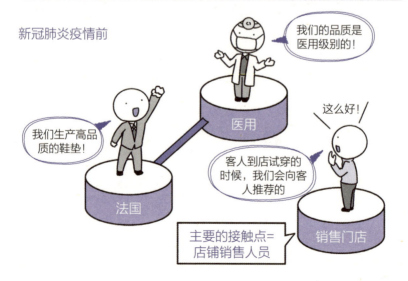

新冠肺炎疫情前

我们的品质是医用级别的！

我们生产高品质的鞋垫！

这么好！

医用

客人到店试穿的时候，我们会向客人推荐的

法国

主要的接触点＝店铺销售人员

销售门店

Sidas拟定了全新的品牌愿景"从脚下开始，运动即改变"，目标顾客也不再局限于运动领域，而是所有有意愿提高表现的人，并以此开始实施品牌营销。其次，针对还没有用过运动鞋垫的人群，Sidas推出了第一款面向普通人的入门款鞋垫，并进行众筹挑战，也就是放在"Makuake"众筹平台上销售。这个众筹活动仅花了55小时就达成了612%的销售额，远远超过原定目标。并且，在品牌传播上，Sidas的全体员工都通过社交媒体发布相关信息，也强化了新闻营销以扩大鞋垫认知。这样的推广方式符合消费者的需求，也迎合了时下的潮流，被很多媒体争相报道。Sidas调整了目标顾客后，品牌的接触点变多了，现在在亚马逊上的销售额达到了原来的2.5倍。

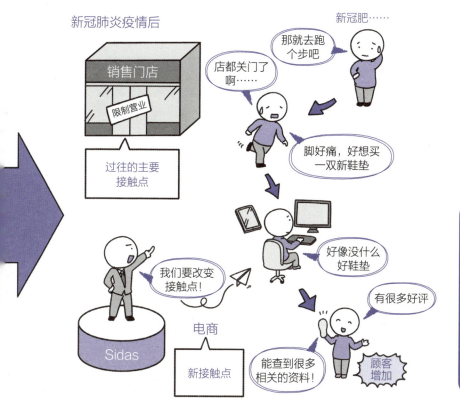

自学笔记

自学笔记

自学笔记